Deutschbuch

Differenzierende Ausgabe

Lern- und Arbeitsheft
für Lernende mit erhöhtem Förderbedarf
im inklusiven Unterricht

9

Herausgegeben von
Markus Langner

Erarbeitet von
Gisela Faber
und Miriam Wiedner
unter Beratung von
Michaela Greisbach

Name: _____

Klasse: _____

Cornelsen

Inhaltsverzeichnis

1 Generationen

Vorteile von Senioren in der Schule erkennen

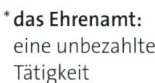

1 Lies den gekürzten Zeitungsartikel.

Senioren in der Schule

Ältere Menschen als Experten in der Schule – das gibt es bisher nur in Nordrhein-Westfalen. Über eine Datenbank werden schon heute über 1500 Senioren für diesen ehrenamtlichen* Einsatz vermittelt. An den Schulen unterstützen die Senioren die Lehrer bei ihrer Arbeit und führen Projekte mit den Schülern durch.

₅ So gründete der pensionierte Ingenieur Ernst Hoffmann mit Schülern einer Gesamtschule in Bonn die „IGKresS". In einem Kellerraum der Schule mit konstant 18 Grad baut die Projektgruppe in großem Umfang Kresse an. Kresse ist gesund und vor allem wächst sie schnell. Das Geschäft geht gut. Käufer der Kresse sind die Familien der Schüler und die Gaststätten in der Umgebung. Die „IGKresS"

₁₀ wurde mit dem Deutschen Gründerpreis ausgezeichnet.

> *__das Ehrenamt:__ eine unbezahlte Tätigkeit

2 Lies die Angaben über die Vorteile dieser Initiative für beide Generationen.

 Sie haben wieder eine neue Aufgabe. Sie können von der älteren Generation lernen. Sie profitieren vom Wissen und der Erfahrung der Personen. Sie haben wieder mehr Kontakte. Sie haben Umgang mit einer anderen Generation. Sie können ihre lebenslange Erfahrung einbringen. Sie können in den Projekten in kleineren Gruppen besser lernen.

3 Trage in Stichworten die Vorteile passend ein.
Tipp: Ein Satz passt zu beiden Generationen.

A. Vorteile für Jugendliche:

B. Vorteile für Senioren:

Fragen zum Text „Mehrgenerationenhäuser" beantworten

1 Lies den gekürzten Text.

Mehrgenerationenhäuser: Miteinander von Jung und Alt

Im Mehrgenerationenhaus in Wildeshausen geht es lebhaft zu. Kinder, Jugendliche, Eltern
und Senioren können sich hier austauschen und sich gegenseitig unterstützen. Sie frühstücken,
spielen und basteln gemeinsam. Senioren helfen ehrenamtlich bei den Hausaufgaben.
Durch diese Tätigkeit haben die älteren Menschen wieder eine wichtige Aufgabe.

5 Die Noten der Kinder konnten sich dadurch deutlich verbessern. Im Mittelpunkt
des Mehrgenerationenhauses steht der „Offene Treff". Das ist ein Begegnungsraum,
in dem viele Angebote gemacht werden, unter anderem Gesprächskreise und Kinderbetreuung.
Die Mehrgenerationenhäuser sind offen für alle Menschen, die im Umkreis leben.
Finanziert werden die Häuser von verschiedenen Trägern,

10 zum Beispiel von Vereinen oder Kirchen.

2 Beantworte die Fragen zum Text in Stichworten.

  a Warum geht es im Mehrgenerationenhaus lebhaft zu?

  _____

  b Weshalb ist die Hilfe bei den Hausaufgaben für Senioren eine gute Sache?

  _____

  c Wie veränderten sich die Noten der Kinder durch diesen Einsatz?

  _____

  d Was steht im Mittelpunkt des Mehrgenerationenhauses?

  _____

  e Welche Angebote werden im „Offenen Treff" gemacht?

  _____

  f Für wen steht das Mehrgenerationenhaus offen?

  _____

  g Durch wen werden die Häuser finanziert?

  _____

Ein Interview auswerten

In einem Interview hat eine Frau über die Gründung eines Mehrgenerationenhauses berichtet.

1 Lies, was die Gründerin im Interview gesagt hat.

Als junge Mutter mit zwei kleinen Kindern musste ich damals in eine andere Stadt ziehen.
Ich vermisste meine Familie und wollte mehr Kontakt mit Menschen haben. Da kam ich auf
die Idee von einem Haus, in dem sich mehrere Generationen treffen konnten.
Viele denken, dass die Menschen in einem Mehrgenerationenhaus auch zusammen wohnen.
5 Das ist hier nicht gemeint, sondern in dem Haus verbringen Kinder, Jugendliche und ältere
Menschen tagsüber Zeit gemeinsam. Sie treffen dort junge und alte Menschen
mit verschiedenen Kenntnissen und Erfahrungen. Es können sich hier auch Menschen
aus verschiedenen Kulturen besser kennen und schätzen lernen.
Jugendliche besuchen das Haus aus unterschiedlichen Gründen. Manche nehmen
10 die Angebote zur Hilfe bei den Hausaufgaben wahr. Andere kommen zu Projekten, zum Beispiel
einer Fahrradwerkstatt. Wieder andere wollen sich gern mit anderen Menschen unterhalten.
Senioren wiederum nehmen an den Computerkursen teil, die von Jugendlichen durchgeführt
werden.
Für die Zukunft wünsche ich mir, dass es noch viel mehr Mehrgenerationenhäuser in Deutschland
15 gibt. Außerdem wünsche ich mir, dass sich junge Menschen mehr für die ältere Generation
einsetzen. So könnte die Idee des Mehrgenerationenhauses weitergetragen werden.

2 Kreise die Buchstaben vor den passenden Aussagen zum Mehrgenerationenhaus ein.

L   Die Menschen wohnen gemeinsam im Mehrgenerationenhaus.

H   Die Menschen verbringen dort tagsüber gemeinsam Zeit miteinander.

I   Sie treffen dort nur Menschen ihrer eigenen Generation.

A   Sie treffen dort Menschen mit unterschiedlichen Erfahrungen und Fähigkeiten.

U   Jugendliche besuchen das Haus aus ganz unterschiedlichen Gründen.

F   Jugendliche besuchen das Haus nur, um dort Party zu machen.

S   Viele Jugendliche verbringen ihre Freizeit im Mehrgenerationenhaus.

3 Trage die Lösungsbuchstaben für das Lösungswort ein.

Informationen sammeln und präsentieren

Ein Mehrgenerationenhaus hat dieses Plakat über die Angebote des Hauses erstellt.

1 Lies die Angaben auf dem Plakat.

Angebote für Jung und Alt im Mehrgenerationenhaus
„Treffpunkt für alle"

Erzählcafé   Frühstück   Kaffee und Kuchen

Kinderbetreuung

Schülernachhilfe   Hausaufgabenhilfe

Geburtstage und Familienfeste feiern

Trödelaktionen für Kinderkleidung und Spielzeug

Spielend Sprache lernen: Englisch und Französisch

Senioren-Computer-Club   Umgang mit dem Handy

Fahrradwerkstatt   Holzwerkstatt   Kunstprojekte

Theatergruppe   Breakdance   Tischtennis

Billard   Kicker   Gesellschaftsspiele   Karten spielen

Hilfe für die Berufswahl   Bewerbungen erstellen

Diskoabende   Trommelkurs

Erste Griffe auf der Gitarre

2 Notiere die Angebote, die du interessant findest.

_____

_____

3 Schreibe weitere Angebote auf, die du noch gern hättest.

_____

_____

4 Erstelle ein Plakat für ein Mehrgenerationenhaus mit Angeboten deiner Wahl.
Du kannst dazu passende Bilder zeichnen oder eine Collage mit Fotos oder Bildern aus Zeitungen erstellen.

Einen Informationstext mit Verknüpfungswörtern schreiben

1   Lies die Sätze für den Informationstext über Mehrgenerationenhäuser.

A   Heutzutage wachsen viele Kinder und Jugendliche ohne Großeltern auf. Die Großeltern wohnen nicht in derselben Stadt.

B   Es gibt auch immer mehr Einzelkinder in den Familien. Großfamilien sind selten geworden in Deutschland.

C   Das ist schade für beide Generationen. Jung und Alt könnten viel voneinander lernen.

D   Es ist gut, dass es Mehrgenerationenhäuser gibt. Man kann sich besser kennen und schätzen lernen.

E   In diesen Häusern wohnt man nicht. Man verbringt tagsüber die Freizeit miteinander.

F   Es sollten weitere Mehrgenerationenhäuser eingerichtet werden. Es können dadurch bessere Kontakte zwischen Jung und Alt entstehen.

2   **a**   Lies das Beispiel für die Verknüpfung der ersten beiden Sätze.

A   Heutzutage wachsen viele Kinder und Jugendliche ohne Großeltern auf, **weil** die Großeltern nicht in derselben Stadt wohnen.

   b   Schreibe die folgenden Sätze mit den Verknüpfungswörtern *denn, da, weil* oder *sondern*. **Tipp:** Durch die Verknüpfung ändert sich manchmal die Stellung des Verbs im Nebensatz.

   c   Markiere die Kommas.

B   Es gibt auch immer mehr Einzelkinder in den Familien, _____

_____

C   Das ist schade für beide Generationen, _____

_____

D   Es ist gut, dass es Mehrgenerationenhäuser gibt, _____

_____

E   In diesen Häusern wohnt man nicht, _____

_____

F   Es sollten weitere Mehrgenerationenhäuser eingerichtet werden, _____

_____

Teste dich!

1 Lies den Text über die Bevölkerungsentwicklung in Deutschland.
Im Text fehlen die Kommas.

Früher gab es in Deutschland viele Großfamilien mit vielen Kindern. Heute kommen in unserem Land immer weniger Kinder zur Welt. Außerdem steigt die Anzahl der älteren Menschen da sich die Behandlung von Krankheiten verbessert hat. Diese Entwicklung wird als demografischer Wandel bezeichnet. Man schätzt dass im Jahr 2060 mehr

5 als die Hälfte der Bevölkerung über 80 Jahre alt sein wird.

Die meisten Menschen benötigen im Alter Hilfe aber schon jetzt gibt es zu wenig Personal in der Altenpflege. Auch für die Jüngeren bringt der demografische Wandel Probleme. Viele Schulen müssen schließen wenn es immer weniger Kinder gibt. Es ist aber wichtig dass Kinder überall gut ausgebildet werden können. Auch für dieses Problem

10 muss die Politik bald eine Lösung finden.

2 **a** Lies zuerst die zwei Regeln für die Kommasetzung.

   b Schreibe dann die Sätze von Aufgabe 1 mit Kommas unter die passende Regel.

Kommas stehen vor Verknüpfungswörtern: z. B. *weil, aber, denn, da, sondern, wenn.*

_____

_____

_____

_____

_____

_____

Kommas stehen vor dem Verknüpfungswort *dass.*

_____

_____

_____

_____

„Es war einmal Indianerland" – Einen Romanauszug verstehen

1 Lies die Inhaltsangabe des Romanauszugs.

Nils Mohl

Es war einmal Indianerland (2012)

In diesem Roman erzählt ein jugendlicher Ich-Erzähler seine Ferienerlebnisse. Er hat am Freitag seinen Ferienjob geschwänzt. Stattdessen hat er mit seiner Freundin Jackie eine Ballonfahrt unternommen. Am nächsten Montag wartet der Junge an der verabredeten Stelle auf seinen Chef.

Der Chef springt aus dem Wagen und sieht hager und bleich aus, wie der Tod auf Urlaub. Er fragt mich ärgerlich, wo ich am Freitag gesteckt habe. Ich erkundige mich, wie es ihm geht. Doch er macht

5 weiter mit der Fragerei. Ich hebe mein Gesicht zum Himmel und denke an Jackie. Sie und ich als einzige Passagiere und der Ballon steigt langsam in die Lüfte. Ich erkläre dem Chef, dass ich raus bin aus dem Job. Der Chef wirft die Arbeitsgeräte vom Wagen. Dann schleudert er mir den Schlüssel von der Schubkarre vor meine Füße. Er fragt mich, was falsch daran ist,

10 sein Geld mit ehrlicher Arbeit zu verdienen. Der Chef nennt eine „Alte Weisheit": Die einen schuften, die anderen duften. Er sagt mir, da ich aus dem Block drüben komme, würde ich wohl nicht duften. Ich schweige. Dann gibt er mir den Rat, ich solle endlich den Spaten nehmen und loslegen. Ich lächele und denke an den Sonnenstrahl, der Jackie verfolgt hat. Ihre Zopfspange blitzte wie der silberne Schlüssel,

15 der vor mir im Sand liegt. Ich hebe ihn auf und halte ihn dem Chef hin. Ich erkläre ihm, ich sei nur gekommen, um Tschüss zu sagen. Der Chef bietet mir danach mehr Geld für meine Arbeit an. Ich sage, es läge nicht am Geld. Da schnappt sich mein Ex-Chef endlich den Schlüssel. Man sieht, wie ärgerlich er ist. Als ich mich am Ende bedanke, fragt er mich zum Abschied, was mit uns jungen Leuten los ist.

20 Das ist aber nicht als Frage gemeint. Ich antworte trotzdem, dass ich das auch gerne wüsste.

2 Kreuze an, welche Aussagen deiner Meinung nach am besten zum Text passen.

☐ Der Chef hat kein Verständnis für den Jugendlichen gezeigt. Er war zu streng.

☐ Der Jugendliche hätte nicht einfach schwänzen sollen.

☐ Der Jugendliche und der Chef hätten über andere Arbeitszeiten sprechen sollen.

Textabschnitte mit Bildern passend verbinden

1 Sieh dir die Bilder zum Text „Es war einmal Indianerland" an.

2 Lies die Textabschnitte.
Sie sind durcheinandergeraten.

3 Die Bilder stehen in der richtigen Reihenfolge.
Verbinde die Textabschnitte mit den passenden Bildern.

A Die Sonne schien auf Jackie. Dabei blitzte der metallische Verschluss von einem Zopfband auf.

B Der Chef hat den Schlüssel für die Schubkarre in den Sand geworfen. Nun liegt der silberne Schlüssel zwischen unseren Füßen.

C Endlich hebe ich den Schlüssel auf und halte ihn dem Chef hin. Was ist bloß mit euch jungen Leuten los, fragt mein Ex-Chef zum Schluss.

D Ich schaue in die Wolken und träume. Langsam steigt der Ballon in die Lüfte. Fliegen, sagt Jackie, wenn das nicht die perfekte Idee für heute war.

E Der Chef wirft Spaten und Säge von der Ladefläche seines Autos. Ich sitze am Boden und schaue ihm zu.

F Mein Chef springt aus dem Wagen. „Mann, wo hast du gesteckt am Freitag?" Er sieht aus wie der Tod auf Urlaub. Ein hagerer, bleicher Greis von nicht einmal dreißig Jahren.

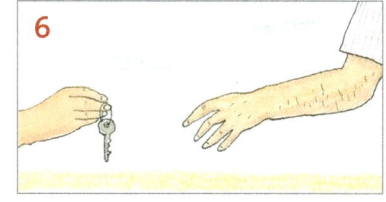

4 Schreibe den Text in der richtigen Reihenfolge ins Heft.

Den Text „Weg ohne Kompass" mit verteilten Rollen lesen

Im Jugendroman „Weg ohne Kompass" von 1958 geht es um die Probleme mit den Halbstarken
Ende der 1950er Jahre in Deutschland. Als Halbstarke bezeichnete man damals vor allem
männliche Jugendliche, die oft aggressiv auftraten.
Im Textausschnitt versucht ein Mitglied einer Gruppe ein anderes Mitglied zu beruhigen.

1 Lies den Dialog zwischen Konrad und dem Dürren.

Konrad:	„Lass endlich den Dicken in Ruhe."
Der Dürre:	„Wer spricht vom Dicken? Ich hab eine zeitungsreife Sache vor, mein Lieber. Vielleicht steht es morgen drin. Ist ja wurscht, ihr werdet noch Augen machen."
Konrad:	„Sag doch endlich, was mit dir los ist."
₅ **Der Dürre:**	„Mit mir ist gar nichts los. Aber mit anderen stimmt etwas durchaus nicht."
Konrad:	„Mit wem?"
Der Dürre:	„Das geht dich einen Dreck an."
Konrad:	„Wenn du bloß keine Dummheiten machst."
Der Dürre:	„Ha, andere sollen sie machen, was?"
₁₀ **Konrad:**	„Du gefällst mir nicht."
Der Dürre:	„Mir gefällt die ganze blöde Welt nicht, dieser verlogene Stinkhaufen. Wenn du jung bist, werden dir alle Missetaten vorgerechnet. Später ist alles halb so wichtig, sagen sie dann. So, ich gehe jetzt, du kannst da stehen bleiben."
Konrad:	„Ich gehe mit."
₁₅ **Der Dürre:**	„Ich brauch dich nicht. Ich gehe jetzt einen Wagen anzünden, damit es endlich aus ist. Ich schaue nicht mehr zu."
Konrad:	„Du bist blöd. Sag endlich, was los ist."
Der Dürre:	„Kerl, Kerl, wenn du wüsstest, was mir mein Vater für Sorgen macht."
Konrad:	„Am besten ist, du gehst nach Hause. Überschlaf die Sache erst einmal."
₂₀ **Der Dürre:**	„Überschlafen, überschlafen. Ich nicht mehr."

👥 2 Lest in Partnerarbeit den Text mit verteilten Rollen. Wechselt danach die Rollen.

👥 3 Übersetzt gemeinsam die unterstrichenen Begriffe in die heutige Jugendsprache.

Generation „Halbstark" – Zwischenüberschriften zuordnen

1 Lies die Textabschnitte über die Hintergründe der Generation „Halbstark".

Die Bezeichnung „Halbstarke" tauchte bereits um 1900 auf.
Damals waren damit Jugendliche aus den unteren sozialen Schichten
gemeint. Wenn diese Jugendlichen Unsinn machten, nannte man
sie „verdorben" und lehnte sie ab.
5 In den Jahren 1955 bis 1958 kam es erneut zu Krawallen und
Massenprügeleien zwischen den zumeist 15- bis 25-jährigen jungen Menschen.
Ab diesem Zeitpunkt wurde der Begriff „halbstark" wieder verstärkt
gebraucht.

Für die Beschreibung von Jugendlichen als „Halbstarke"
10 gab es 1957 drei Definitionen:
„Halbstarke" sind jugendliche Kriminelle und arbeitsscheue Personen.
Diese Auffassung hatten manche Erwachsene von den Halbstarken.
Die Jugendlichen fanden es beleidigend, so bezeichnet zu werden.
„Halbstarke" sind Jugendliche, die sich zu Gruppen zusammenschließen,
15 Spaß haben, aber auch Dummheiten machen.
Mit dieser Definition waren die Jugendlichen einverstanden und
bezeichneten sich deshalb selbst auch als „Halbstarke".
„Halbstarke" sind Jugendliche, die vor allem durch ihr Äußeres auffallen.
So zum Beispiel durch den Haarschnitt und die Jeanshosen. Auch
20 der lockere Umgang der Jugendlichen untereinander und die Sprache
galten als Kennzeichen der Halbstarken.

In den 1950er Jahren gab es regelrechte Straßenschlachten
zwischen den Halbstarken und den Polizisten. Die Gründe für die Krawalle
waren eher zufällig. So ging es z. B. um Streit zwischen Jugendlichen aus
25 unterschiedlichen Stadtvierteln oder um Raufereien auf Festen.
Die Halbstarken fühlten sich „stark", wenn die Erwachsenen empört
reagierten. Viele waren sogar stolz, wenn die Polizei kam und über
die Vorfälle in der Zeitung berichtet wurde.

2 **a** Lies die Zwischenüberschriften für den Text über die Halbstarken.

Empörung über die Halbstarken
Unterschiedliche Beschreibungen der Halbstarken 1957
Geschichte des Begriffs seit 1900

b Schreibe die passenden Zwischenüberschriften über die Textabschnitte.

„Vaterlose Jugend": Sätze ergänzen

1 Lies den Text „Vaterlose Jugend – Wogegen lehnen sich die Halbstarken auf?"

Viele Kinder und Jugendliche wuchsen während des 2. Weltkriegs (1939–1945) ohne Vater auf.
Die Männer waren entweder im Krieg gefallen oder in Kriegsgefangenschaft. Als dann in den
1950er Jahren viele Männer wieder in die Familien zurückkehrten, gab es zum Teil große Konflikte.
Die Kinder und Jugendlichen waren nicht mehr bereit, zu gehorchen. Sie lehnten sich gegen
5 die Autorität der Erwachsenen auf. Was die Erwachsenen besonders empörte, war, dass sie
keinen Grund sahen für die Auflehnung ihrer Kinder. Die Jugendlichen griffen häufig Polizisten,
Soldaten, aber auch Schaffner, Bademeister und Briefträger an. Sie nahmen ihnen
z. B. die Dienstmützen ab, beschädigten ihre Uniformen und schaukelten Polizeiwagen.
Viele Halbstarke verachteten Uniformen und alles Militärische. Sie richteten sich mit ihrer Mode
10 und dem Musikgeschmack nach Vorbildern aus den USA. Sie trugen Jeans und Lederjacken
und hörten Rock 'n' Roll. So bildeten die Halbstarken eine Art Gegenkultur zum damaligen Leben
in Deutschland, die den Erwachsenen völlig fremd war.

2 Ergänze die Sätze mit den passenden Fortsetzungen.

Während des 2. Weltkriegs wuchsen viele _____

Als in den 1950er Jahren viele Männer aus der Kriegsgefangenschaft in die Familien

zurückkehrten, _____

Die Kinder und Jugendlichen lehnten sich _____

_____

Die Jugendlichen griffen häufig _____

_____

Viele Halbstarke verachteten _____

Mode und Musik richteten sich _____

Die Halbstarken bildeten eine Art Gegenkultur _____

_____

Das war den Erwachsenen völlig _____

3 Schreibe den ergänzten Text vollständig in dein Heft.

„Generation digital": Großschreibung trainieren

1 Lies den Text zum Thema „Generation digital".
Im Text sind alle Wörter kleingeschrieben.

generation digital

für kinder und jugendliche ist der umgang mit den neuen medien heute selbstverständlich.
die sogenannten „digital natives" (deutsch: digitale ureinwohner) sind die personen, die mit
computern, internet, mobiltelefonen und mp3-playern aufwachsen. diese gruppe, die auch
„generation Y" genannt wird, lebt im netz und entwickelt es auch weiter. sie kann gezielt und
schnell im internet nach informationen suchen. durch kontakte im netz finden sie immer
jemanden, der ihre interessen teilt. das risiko ist, dass im netz viele dinge möglich sind,
die außerhalb verboten sind. auch gibt es gefahren durch mobbing und unerlaubte downloads.

2 Schreibe den Text richtig auf. Schreibe die Nomen groß.
Denke auch an die Großschreibung am Satzanfang.
Tipp: Lies die Texte M1 – M3 im Deutschbuch
auf den Seiten 30 und 31, wenn du unsicher bist.

Generation digital

Für Kinder und

2 Konsum: Was brauchen wir?

Konsumverhalten verstehen

Christian, Marie und Luca werden in einem Interview zu ihrem Konsumverhalten befragt.

1 Lies die Antworten der drei Jugendlichen.

Frage: Wofür gebt ihr am meisten Geld aus?

Christian: Für T-Shirts und Hosen. Wenn alle etwas Neues haben, trage ich ungern die Klamotten aus dem letzten Jahr.

Marie: Für den Friseur. Ich möchte nicht den gleichen Haarschnitt haben wie alle anderen.
5   Auch für Kosmetik gebe ich viel Geld aus.

Luca: Für das Ausgehen mit Freunden. Wir kaufen uns Fast Food und Cola und gehen ins Kino oder zum Billard.

Frage: Könnten Jugendliche auch ohne Geld gut leben?

Christian: Ja, denn man braucht nicht ständig neue Kleidung. Das ist ein Luxus,
10   auf den man auch verzichten könnte.

Marie: Ich weiß nicht. Vielleicht würde ich ohne neue Frisur irgendwann zu Hause bleiben.

Luca: Man braucht ja für alles Geld. Fürs Outfit, Kino, mit Freunden feiern. Immer nur sparen, das geht doch nicht.

2 Christian ist der Meinung, dass man auch ohne Geld leben könnte.
Schreibe sein Argument und sein Beispiel zu dieser Meinung auf.

(Meinung) Jugendliche können auch ohne Geld leben,

(Argument) denn _____

(Beispiel) _____

3 Beantworte die Fragen schriftlich. Ergänze bei der zweiten Frage einen Satz mit *denn* oder *weil*.

Frage: Wofür gibst du am meisten Geld aus?

_____

Frage: Auf was könntest du ohne Geld am leichtesten verzichten?

_____

Konsumgründe untersuchen

1 Lies den Text.

Warum konsumieren wir?

Martin: Wir konsumieren für unser **Wohlergehen.** So kaufen wir z. B. Karten für ein Fußballspiel oder Kinokarten und Snacks für Feiern mit Freunden.

Lise: Wir kaufen auch Dinge, weil wir **zu einer Gruppe gehören** wollen. Wenn wir z. B. ein bestimmtes Smartphone kaufen, sind wir in der Gruppe besonders angesehen. Oder wir wollen durch unser Aussehen in der Gruppe gut dastehen.

Emma: Menschen konsumieren, um ihre **Grundbedürfnisse** zu **befriedigen.** Sie kaufen Nahrungsmittel oder notwendige Kleidung. Diese Bedürfnisse können schon mit wenig Geld erfüllt werden.

Can: Manche Dinge kaufen wir aus **Gewohnheit.** So wie man Erdnüsse ohne Hunger essen kann, kauft man auch andere Dinge aus Gewohnheit immer wieder.

2 Ordne die Namen von Martin, Lise, Emma und Can den Konsumgründen zu.

Grundbedürfnisse befriedigen	Wohlergehen	Gruppen-zugehörigkeit	Gewohnheit
_____	_____	_____	_____

Wofür geben Kinder und Jugendliche Geld aus?

Ausgaben der 6- bis 19-Jährigen in Mio € im Jahr 2014 in Deutschland

3 862 — Bekleidung, Mode, Schmuck
3 083 — Weggehen, Essengehen, z. B. Disco, Kneipe
2 118 — Fahrrad, Mofa, Moped, Auto, Führerschein, Reparaturen, Benzin
1 937 — Getränke
1 711 — Imbissbuden oder McDonald's, Burger King, Subway etc.
1 362 — Hobbys
1 295 — Körperpflege, Haarpflege, Kosmetik, Friseur, Solarium
1 192 — Süßigkeiten, Eis
1 123 — Eintrittskarten, z. B. für Kino, Konzerte, Sportveranstaltungen
1 066 — Handygebühren für Telefongespräche, SMS, MMS etc.
830 — Zeitschriften, Bücher, Comics
629 — Computer (Software), Viedeospiele, Internet
412 — Musik, CD, Hörspiel
© iconkids & youth international research GmbH

3 Lies das Balkendiagramm „Wofür geben Kinder und Jugendliche Geld aus?".

4 Schreibe die Sätze für die Auswertung des Diagramms vollständig in dein Heft.

Kinder und Jugendliche geben am meisten Geld aus für …

629 Millionen Euro geben Kinder und Jugendliche aus für …

Das wenigste Geld geben Kinder und Jugendliche aus für …

5 Ergänze in deinem Text weitere Aussagen zum Diagramm.

▌▌▌▌▌▌▌▌

„Macht Kaufen glücklich?" – Argumente verstehen

1 Macht Kaufen glücklich? Darüber gibt es unterschiedliche Meinungen.
Lies die Ansichten der beiden Forscher zum Thema.

Jugendforscher B. Heinzlmaier:

Für die Wirtschaft ist es natürlich gut, wenn die Wünsche der Menschen immer schneller
wechseln und sie immer mehr kaufen. Für viele Menschen ist das Kaufen aber eine Jagd nach
dem Glück. Wenn sie den Gegenstand dann haben, sehen sie schon wieder ein neues Angebot.
Und dann geht die Jagd nach dem Glück weiter. Dabei sucht der Mensch ein Glück, das von Dauer
ist. Mit Kaufen kann das nicht erreicht werden.

Verhaltensforscher P. Dolan:

Ich denke darüber anders. Wir können nicht gegen die Welle des Konsums anschwimmen und
komplett anders sein als die anderen. Ich hatte mir z. B. mal einen Sportwagen gekauft. Und jedes
Mal, wenn ich den Motor startete, fühlte ich mich großartig. Wenn man etwas kauft und genießt,
kann das schon glücklich machen.

2 Schreibe die Argumente der Forscher auf.

A Bernhard Heinzlmaier: (Meinung) Kaufen macht nicht glücklich,

(Argument) denn _____

_____

B Paul Dolan: (Meinung) Kaufen kann glücklich machen,

(Argument) denn _____

3 Schreibe deine Meinung zum Thema mit einem Argument und einem Beispiel auf.

Ich finde, Kaufen macht glücklich / Kaufen macht nicht glücklich,

denn _____

Ich habe mir beispielsweise _____

_____

4 Sprich mit einem Lernpartner oder einer Lernpartnerin über diese Aussagen.

A Kaufen macht nur kurz glücklich, da es immer neue Dinge gibt, die man haben möchte.

B Es gibt auch Dinge zu kaufen, die lange glücklich machen, z. B. ein tolles Poster.

C Man kann sowieso nicht immer glücklich sein, ob man nun etwas kauft oder nicht.

„Konsumfixierte Jugendliche?" – Argumente untersuchen

In Podiumsdiskussionen sprechen Vertreter unterschiedlicher Interessengruppen vor Publikum über ein bestimmtes Thema. In der folgenden Podiumsdiskussion geht es um das Konsumverhalten von Jugendlichen.

1 Lies die Redebeiträge aus der Diskussion.

Ich heiße Ralf Busch, bin Sprecher eines Konzerns und stimme Frau Schäfer zu. Ich finde den Konsum aber nicht schlecht, denn er ist für unsere Wirtschaft wichtig.

Mein Name ist Ute Schäfer, ich bin Elternsprecherin. Jugendliche sind heute völlig konsumfixiert. Um zu einer Gruppe zu gehören, kaufen sie teure Markenkleidung.

Mein Name ist Can Sezer, und ich bin Schülersprecher. Natürlich gibt es Jugendliche, die konsumfixiert sind und sich ständig neue Sachen kaufen. Aber das trifft doch nicht für alle zu. Wenn sich jemand warme Winterschuhe kauft, ist er doch nicht konsumfixiert. Und es gibt genauso Erwachsene, die man als konsumfixiert beschreiben kann. Wenn sich jemand z. B. alle paar Jahre ein neues Auto kauft, ist das alte Auto bestimmt noch nicht kaputt.

Ich bin Marie Kutz und bin Auszubildende in einem Modehaus. Jugendliche kaufen doch nicht nur Markenkleidung, sie achten sehr genau auf den Preis.

2 Beantworte die Fragen in Stichworten.

– Welche Meinung vertritt Frau Schäfer?

_____

– Mit welchem Argument widerspricht Ralf Busch dem Argument von Frau Schäfer?

_____

– Welches Gegenargument nennt Marie Kutz?

_____

– Welches Gegenargument (für Jugendliche) wird von Can Sezer genannt?

_____

– Welches Beispiel (für Erwachsene) nutzt Can Sezer für sein Argument?

_____

„Sponsoring in der Schule?" – Argumente unterscheiden

Sponsoring in der Schule? Nur in wenigen Bundesländern ist es erlaubt, dass Unternehmen mit ihrem Geld Schulen unterstützen. Dafür dürfen die Firmen dann Werbung in den Schulen machen. Die Klasse 9 b diskutiert über das Thema.

1 Lies die Argumente, die für (pro) oder gegen (kontra) Sponsoren in der Schule sprechen.

... da wir nur Firmen mit guten Produkten auswählen können.

Sponsoring in der Schule finde ich gut, ...

... weil Schule und Werbung nicht zusammenpassen.

Sponsoring in der Schule lehne ich ab, ...

... denn dadurch wird die Schulausstattung immer unterschiedlicher.

... weil wir dringend Geld für Schulmöbel brauchen.

... denn die Schulen und die Firmen profitieren davon.

2 Ordne die Argumente aus Aufgabe 1 zur passenden Meinung.

Pro: Sponsoring in der Schule finde ich gut,

_____

_____

_____

Kontra: Sponsoring in der Schule lehne ich ab,

_____

_____

_____

Ein Ergebnisprotokoll schreiben

Die Ergebnisse von wichtigen Diskussionen werden in Ergebnisprotokollen notiert.

1 a Lies die schon eigetragenen Angaben für das Ergebnisprotokoll.

b Ergänze die Angaben mit deinen Angaben und Ideen.
 Tipp: Du kannst auch die Argumente von S. 22 nutzen.

Ergebnisprotokoll der Diskussion vom 13.06.20..

Thema: Wollen wir Sponsoring in unserer Schule?

Teilnehmer: _____ (deine Klasse und die Lehrkraft)

Zeit: _____ (genaue Uhrzeit)

Protokoll: _____ (dein Name)

TOP 1   **(Tagesordnungspunkt 1):** Vorstellung des Themas für die Entscheidung (Lehrkraft)
TOP 2:   Pro-und-Kontra-Diskussion in der Klasse
TOP 3:   Abstimmung in der Klasse

Zu TOP 2:

Pro-Argumente für Sponsoring waren:

_____

_____

_____

Kontra-Argumente gegen Sponsoring waren:

_____

_____

_____

Zu TOP 3:

Das Ergebnis der Abstimmung ergab:

_____ Stimmen dafür, _____ Stimmen dagegen, _____ Enthaltungen*   *sich enthalten: keine Stimme abgeben

(der Schulort, das Datum, deine Unterschrift) _____

Teste dich!

In der Klasse 9 a wird über das Sponsoring in der Schule diskutiert. Die Schülerinnen und Schüler äußern sich zum Thema mit ihren Meinungen, Argumenten und Beispielen.

1   Lies die Redebeiträge der Diskussion.

Das wäre doch super, denn dann könnten wir endlich neue Sportgeräte anschaffen. (S)

Luca

Vielleicht können wir uns ja einigen. Wir könnten entscheiden, dass wir nur Sponsoring von einer Firma mit richtig guten Produkten annehmen. (P)

Hannah

Werbung in der Schule? Nein, denn dann würden viele zu noch mehr Konsum verführt werden. Wenn ich beispielsweise ständig Cola-Plakate sehe, trinke ich wahrscheinlich noch mehr von dem Zeug. (U)

Can

Ich finde es nicht gut, wenn eine Firma unsere Sportgeräte bezahlt. Dafür ist doch der Staat zuständig. (R)

Marie

Das sehe ich genau wie du, Can. Ich trinke jetzt schon zu viel Cola. (E)

Christian

2   **a**   Trage die passenden Namen vor den Aussagen ein.

     b   Notiere den Buchstaben aus den Sprechblasen hinter den Aussagen.

_____ hat ein wichtiges Argument für die Meinung genannt. ☐

_____ hat ein Beispiel für das Argument angegeben. ☐

_____ hat einen Kompromiss vorgeschlagen. ☐

_____ hat sich auf einen Vorredner bezogen. ☐

_____ hat mit einem Gegenargument ein anderes Argument gut entkräftet. ☐

3   Trage die Buchstaben für das Lösungswort ein.   ☐☐☐☐☐

4   Was denkst du über das Thema? Ergänze einen Satz mit *denn* oder *weil*.

Ich finde Sponsoring in der Schule gut / nicht gut, _____

_____

Von allem immer mehr?
Mit Verknüpfungswörtern argumentieren

1 Lies die Angaben in der Tabelle.

Aussagen	Begründungen
Eine Familie in Deutschland gibt im Jahr etwa 1200 Euro für Kleidung und Schuhe aus.	Die Nachfrage nach neuer modischer Kleidung ist immer größer geworden.
Ein Arbeiter in Bangladesch* verdient pro Monat etwa 42 Euro in der Textilherstellung.	Die Textilfirmen geben ihren Arbeitern zu wenig von ihren Gewinnen ab.
Fast das gesamte in Deutschland verkaufte Fleisch stammt aus Massentierhaltung.	Das Fleisch von artgerecht* gehaltenen Tieren ist sehr teuer.
Es landen jährlich etwa 80 kg Lebensmittel pro Kopf im Müll.	Die Menschen wollen nur noch frische Lebensmittel essen und kaufen zu viel.

*Bangladesch: ein Land in Südasien

*artgerecht: der natürlichen Lebens- bedingung entsprechend

2 a Verbinde die Aussagen und Begründungen mit passenden Verknüpfungswörtern.

   b Schreibe die Sätze auf.

1. Eine Familie in Deutschland gibt im Jahr etwa 1200 Euro für Kleidung und Schuhe aus,

   da _____

   _____

2. _____

   _____

   _____

3. _____

   _____

4. _____

   _____

„Umtauschtag" – Passivsätze in Aktivsätze verändern

1 Für eine geplante Kleider-Tauschaktion in der Schule soll ein Flugblatt erstellt werden. Lies die Sätze für das Flugblatt. Sie sind im Passiv formuliert.

Die Umwelt **wird** durch den übermäßigen Konsum der Menschen stark **belastet.**

So **werden** z. B. von den Herstellern für 1 Kilogramm Jeans ca. 1000 Liter Wasser **verbraucht.**

Durch unsere Kleider-Tauschaktion **wird** die Möglichkeit **geboten,** weniger zu kaufen.

Am Umtauschtag **wird** die gebrauchte Kleidung in der Schule auf Kleiderständer **gehängt.**

2 a Lies den Informationskasten.

   b Lies dann den ersten Satz als Passivsatz und als Aktivsatz.

Die Umwelt **wird** durch den übermäßigen Konsum der Menschen stark **belastet.**
Die Menschen **belasten** durch ihren übermäßigen Konsum die Umwelt stark.

3 Schreibe die weiteren Sätze aus Aufgabe 1 als Aktivsätze.

Die Hersteller **verbrauchen**

_____

Die Kleider-Tauschaktion **bietet**

_____

Am Umtauschtag **hängt**

_____

4 a Schreibe die Aktivsätze auf ein Zeichenblatt.

   b Gestalte das Blatt mit eigenen Ideen als Flugblatt.

Information	**Aktiv und Passiv**

Das **Passiv** betont, mit wem oder was etwas geschieht: Die Umwelt _wird_ stark _belastet._
Das **Aktiv** betont die Handelnden im Satz: Die Hersteller _verbrauchen_ 1000 l Wasser.

„Besser teuer als billig?" – Gegenargumente zuordnen

In einem Zeitungsartikel werden die schlimmen Folgen des hohen Kleiderkonsums
in Deutschland für andere Menschen, z. B. in Asien, beschrieben.

1   Lies den gekürzten Zeitungsartikel.

Ist teuer besser als billig?

Jährlich gibt eine Familie in Deutschland etwa 1200 Euro für Kleidung und Schuhe aus.

Dabei ist merkwürdig, dass z. B. ein Hemd manchmal zehnmal so viel kostet wie ein anderes.

Manchmal wurden beide Hemden sogar in derselben Fabrik hergestellt. Vielleicht kommt

das teure Hemd aus einer Firma, die ihren Arbeitern bessere Löhne bezahlt.

Daher könnte sich vielleicht etwas ändern, wenn die Menschen grundsätzlich bereit wären,

für ihre Kleidung mehr Geld auszugeben.

2   In einem Leserbrief werden einige Gegenargumente zu Aussagen im Zeitungsartikel genannt.

   a   Lies die Angaben zu dem Zeitungsartikel und dem Leserbrief.

   b   Verbinde die Aussagen im Zeitungsartikel mit den passenden Gegenargumenten im Leserbrief.

Zeitungsartikel	Leserbrief
A Die Arbeitsbedingungen der Menschen in der Textilbranche in Bangladesch sind unzumutbar und wahnsinnig ungesund.	1 Wir sollten nicht weniger kaufen, sondern nur darauf achten, dass fair produziert wird.
B Dabei erhält ein Arbeiter in Bangladesch nur etwa 42 Euro im Monat.	2 Trotz schlechter Arbeitsbedingungen wollen und müssen die Menschen in diesen Ländern doch auch arbeiten und Geld verdienen.
C Die einzige Lösung ist, dass wir nicht mehr so oft etwas Neues kaufen.	3 Der Arbeitslohn der Menschen in Bangladesch könnte sich verdoppeln, wenn ein T-Shirt nur 12 Cent mehr kosten würde.

3   Was denkst du über das Thema? Ist teuer besser als billig?
Kreuze deine Meinung an.

	stimmt	stimmt nicht
A Ich finde es gut, wenn modische Kleidung billig ist.	☐	☐
B Ich kann nichts für die schlechte Lage der Arbeiter in Bangladesch.	☐	☐
C Ich achte auf das Zeichen „Fair" bei meinem Kauf.	☐	☐
D Ich kann mir keine teure Kleidung leisten.	☐	☐

„Billiges Massenfleisch" – Den Aufbau eines Leserbriefes kennen

1 Lies den Zeitungsartikel.

Billiges Massenfleisch

Jedes Jahr werden in Deutschland etwa 700 Millionen Masthühnchen geschlachtet.
Bis dahin hat ein Hähnchen sein kurzes Leben (ca. 35 Tage) mit bis zu 26 anderen Tieren
auf einem Quadratmeter verbracht. Deshalb ist das Fleisch für uns so billig. Wir sollten etwas
dagegen tun und kein Billigfleisch mehr kaufen. Stattdessen sollten wir mehr Geld für
ein artgerecht gehaltenes Tier ausgeben.

2 Lies den Leserbrief zu dem Zeitungsartikel.

1. Der Zeitungsartikel „Billiges Massenfleisch"
   vom 6.10.20.. beschreibt, wie es zu den billigen
   Preisen für unser Fleisch kommt.

2. Ich meine auch, dass wir etwas tun sollten,
   um die schrecklichen Bedingungen bei
   der Tierhaltung zu ändern.

3. Wenn alle Menschen mehr Geld für Fleisch aus
   artgerechter Tierhaltung ausgeben würden,
   wäre Massentierhaltung nicht mehr nötig.

4. Das kann aber nicht allein die Lösung sein.
   Man weiß nämlich auch beim Kauf von teurem
   Fleisch nicht, ob das Tier wirklich artgerecht
   gehalten wurde. Außerdem haben nicht alle
   Menschen das Geld, um teures Fleisch zu kaufen.

5. Wir sollten deshalb alle viel weniger
   Fleisch essen. Und man sollte sich genau
   informieren, woher das Fleisch kommt.

3 **a** Lies die Begriffe für den Aufbau des Leserbriefs.

   b Schreibe die Begriffe passend neben die Textabschnitte.

| Argument aus dem Artikel | eigene Meinung | Einleitung: Bezug auf den Zeitungsartikel |

| Schluss/Forderung/Idee | Argument mit eigenem Gegenargument entkräften |

4 Schreibe den Leserbrief ins Heft.

„Mülltauchen – ein denkwürdiger Prozess"
Einen Leserbrief schreiben

1 Lies den Zeitungsartikel „Mülltauchen – ein denkwürdiger Prozess" im Deutschbuch Seite 48.

2 Lies die Textteile für einen Leserbrief zum Zeitungsartikel.
Die Textteile sind durcheinandergeraten.

Meine Idee dazu ist: Der Supermarkt sollte Lebensmittel, die kurz vor dem Ablaufdatum sind, billiger anbieten.

Ich meine, Mülltauchen ist keine Lösung für das Wegwerfen von Lebensmitteln.

Der **Zeitungsartikel vom 10. 11. 20..** berichtet über einen Prozess, in dem zwei junge Leute angeklagt sind, durch Mülltauchen Lebensmittel gestohlen zu haben.

Es ist nicht gut, wenn Menschen im Müll wühlen, denn dort sind z. B. auch verdorbene und stinkende Sachen.

Die Mülltaucher sagen, sie protestieren damit gegen die Politik. Sie wollen auch auf unseren schlechten Umgang mit Lebensmitteln aufmerksam machen.
Das sehe ich anders.

3 Trage die Textteile passend zum Aufbau des Leserbriefes ein.
Tipp: Achte auf die hervorgehobenen Wörter und Wortgruppen.

Einleitung: Bezug auf den Artikel _____

_____

Eigene Meinung _____

_____

Argument aus Artikel _____

_____

_____

Argument mit Gegenargument entkräften _____

_____

_____

Schluss/Forderung/Idee _____

_____

_____

3 Mein Traumjob

Das kann ich! – Einen Fragebogen ausfüllen

In einem Balkendiagramm (Deutschbuch Seite 52) wird aufgelistet, welche Eigenschaften Auszubildende haben sollten. Besonders wichtig finden die Betriebe die Eigenschaften „Zuverlässigkeit" und „Vertrauenswürdigkeit". Du kannst mit der Tabelle deine Eigenschaften einschätzen.

1 a Lies die Angaben in der Tabelle Satz für Satz.

  b Kreuze die Sätze an, die zu dir passen.

	Das kann ich	Das will ich verbessern
Ich gehe regelmäßig zur Schule.	☐	☐
Ich komme pünktlich zum Unterricht.	☐	☐
Ich informiere die Schule, wenn ich krank bin.	☐	☐
Ich arbeite im Unterricht mit.	☐	☐
Ich erledige meine Hausaufgaben.	☐	☐
Ich kann gut nach Anweisungen arbeiten.	☐	☐
Ich kann gut selbstständig arbeiten.	☐	☐
Ich habe Ausdauer bei vielen Arbeiten.	☐	☐
Ich halte mich an Absprachen.	☐	☐
Ich halte mich an festgelegte Regeln.	☐	☐
Ich bin fair im Umgang mit anderen.	☐	☐
Ich respektiere Menschen, die anders sind als ich.	☐	☐
Ich bin freundlich und höflich im Umgang mit anderen.	☐	☐
Ich setze mich für andere Menschen ein.	☐	☐
Ich übernehme Verantwortung für Arbeitsmaterialien.	☐	☐
Ich kann Informationen im Internet recherchieren.	☐	☐
Ich beherrsche die Grundrechenarten (Plus, Minus, Malnehmen, Teilen).	☐	☐
Ich kann mich mündlich gut ausdrücken.	☐	☐
Ich spreche außer Deutsch noch eine andere Sprache.	☐	☐
Ich habe eine gut lesbare Handschrift.	☐	☐
Ich beherrsche die Rechtschreibung.	☐	☐
Ich kann Inhalte von Texten gut wiedergeben.	☐	☐

Deutschbuch

Arbeitsheft

Lösungen

9

Name: _____

Klasse: _____

Cornelsen

Generationen

Seite 6

Vorteile von Senioren in der Schule erkennen

3 A **Vorteile für Jugendliche:** Sie können von der älteren Generation lernen. Sie profitieren vom Wissen und der Erfahrung der Personen. Sie haben Umgang mit einer anderen Generation. Sie können in den Projekten in kleineren Gruppen besser lernen.

B **Vorteile für Senioren:** Sie haben wieder eine neue Aufgabe. Sie haben wieder mehr Kontakte. Sie haben Umgang mit einer anderen Generation. Sie können ihre lebenslange Erfahrung einbringen.

Seite 7

Fragen zum Text „Mehrgenerationenhäuser" beantworten

2 a Kinder, Jugendliche, Eltern und Senioren tauschen sich aus und unterstützen sich.

b Sie haben wieder eine wichtige Aufgabe.

c Sie verbesserten sich.

d Im Mittelpunkt steht der „Offene Treff".

e Es werden unter anderem Gesprächskreise und Kinderbetreuung angeboten.

f Das Mehrgenerationenhaus ist offen für alle Menschen, die im Umkreis leben.

g Die Häuser werden zum Beispiel durch Vereine oder Kirchen finanziert.

Seite 8

Ein Interview auswerten

2 + 3 **Lösungswort:** H A U S

Seite 10

Einen Informationstext mit Verknüpfungswörtern schreiben

2 A Heutzutage wachsen viele Kinder und Jugendliche ohne Großeltern auf, *weil die Großeltern nicht in derselben Stadt wohnen.*

B Es gibt auch immer mehr Einzelkinder in den Familien, *weil Großfamilien selten geworden sind in Deutschland.*

C Das ist schade für beide Generationen, *da Jung und Alt viel voneinander lernen könnten.*

D Es ist gut, dass es Mehrgenerationenhäuser gibt, *weil man sich besser kennen und schätzen lernen kann.*

E In diesen Häusern wohnt man nicht, *sondern man verbringt tagsüber die Freizeit miteinander.*

F Es sollten weitere Mehrgenerationenhäuser eingerichtet werden, *denn dadurch können bessere Kontakte zwischen Jung und Alt entstehen.*

Seite 11

Teste dich!

2 b **Kommas stehen vor Verknüpfungswörtern, z. B. *weil, aber, denn, da, sondern, wenn.***

Außerdem steigt die Anzahl der älteren Menschen, da sich die Behandlung von Krankheiten verbessert hat.
Die meisten Menschen benötigen im Alter Hilfe, aber schon jetzt gibt es zu wenig Personal in der Altenpflege.
Viele Schulen müssen schließen, wenn es immer weniger Kinder gibt.

Kommas stehen vor dem Verknüpfungswort *dass*.

Man schätzt, dass im Jahr 2060 mehr als die Hälfte der Bevölkerung über 80 Jahre alt sein wird.
Es ist aber wichtig, dass Kinder überall gut ausgebildet werden können.

Seite 13

Textabschnitte mit Bildern passend verbinden

3 Text A – Bild 5,   Text D – Bild 2,
Text B – Bild 4,   Text E – Bild 3,
Text C – Bild 6,   Text F – Bild 1

Seite 15

Generation „Halbstark" – Zwischenüberschriften zuordnen

2 b 1. Abschnitt: Geschichte des Begriffs seit 1900
2. Abschnitt: Unterschiedliche Beschreibungen der Halbstarken 1957
3. Abschnitt: Empörung über die Halbstarken

Seite 16

„Vaterlose Jugend": Sätze ergänzen

2 + 3 Während des zweiten Weltkriegs wuchsen viele Kinder und Jugendliche ohne Vater auf.

Als in den 1950er Jahren viele Männer aus der Kriegsgefangenschaft in die Familien zurückkehrten, gab es zum Teil große Konflikte.

Die Kinder und Jugendlichen lehnten sich gegen die Autorität der Erwachsenen auf.

Die Jugendlichen griffen häufig Polizisten, Soldaten, aber auch Schaffner, Bademeister und Briefträger an.

Viele Halbstarke verachteten Uniformen und alles Militärische.

Mode und Musik richteten sich nach den Vorbildern aus den USA.

Die Halbstarken bildeten eine Art Gegenkultur zum damaligen Leben in Deutschland.

Das war den Erwachsenen völlig fremd.

Seite 17

„Generation digital": Großschreibung trainieren

2 **Generation digital**

Für Kinder und Jugendliche ist der Umgang mit den neuen Medien heute selbstverständlich. Die sogenannten „digital natives" (deutsch: digitale Ureinwohner) sind die Personen, die mit Computern, Internet, Mobiltelefonen und Mp3-Playern aufwachsen. Diese Gruppe, die auch „Generation Y" genannt wird, lebt im Netz und entwickelt es auch weiter. Sie kann gezielt und schnell im Internet nach Informationen suchen. Durch Kontakte im Netz finden sie immer jemanden, der ihre Interessen teilt. Das Risiko ist, dass im Netz viele Dinge möglich sind, die außerhalb verboten sind. Auch gibt es Gefahren durch Mobbing und unerlaubte Downloads.

Konsum: Was brauchen wir?

Seite 18

Konsumverhalten verstehen

2 (**Meinung**) Jugendliche können auch ohne Geld leben,
(**Argument**) denn man braucht nicht ständig neue Kleidung.
(**Beispiel**) Das ist ein Luxus, auf den man auch verzichten kann.

Seite 19

Konsumgründe untersuchen

2 Grundbedürfnisse befriedigen: Emma, Wohlergehen: Martin, Gruppenzugehörigkeit: Lise, Gewohnheit: Can

4 Kinder und Jugendliche geben am meisten Geld aus für Bekleidung, Mode und Schmuck.
629 Millionen Euro geben Kinder und Jugendliche aus für Computer (Software), Videospiele und Internet.
Das wenigste Geld geben Kinder und Jugendliche aus für Musik, CDs und Hörspiele.

5 Beispiellösung

Kinder und Jugendliche geben mehr Geld aus für Weggehen und Essengehen als für Körperpflege, Haarpflege, Kosmetik, Friseur und Solarium.

Um ihre Hobbys bezahlen zu können, geben Jugendliche 1 362 000 000 Euro aus.

Für Zeitschriften, Bücher und Comics geben Jugendliche mehr Geld aus als für Computer (Software), Videospiele und Internetangebote.

Seite 20

„Macht Kaufen glücklich?" – Argumente verstehen

2 A (Meinung) Kaufen macht nicht glücklich, (Argument) denn ein Glück, das von Dauer ist, kann mit Kaufen nicht erreicht werden.

B (Meinung) Kaufen kann glücklich machen, (Argument) denn wenn man etwas kauft und genießt, kann das schon glücklich machen.

Seite 21

„Konsumfixierte Jugendliche?" – Argumente untersuchen

2 Welche Meinung vertritt Frau Schäfer? –
Konsumfixierung

Mit welchem Argument widerspricht Ralf Busch dem Argument von Frau Schäfer? –
Konsum ist wichtig für die Wirtschaft

Welches Gegenargument nennt Marie Kutz? –
Jugendliche achten auf Preis

Welches Gegenargument (für Jugendliche) wird von Can Sezer genannt? –
der Kauf von Winterschuhen ist keine Konsumfixierung

Welches Beispiel (für Erwachsene) nutzt Can Sezer für sein Argument? –
Erwachsene kaufen sich neues Auto, auch wenn altes noch nicht kaputt ist

Seite 22

„Sponsoring in der Schule?" – Argumente unterscheiden

2 **Pro:** Sponsoring in der Schule finde ich gut,
da wir nur Firmen mit guten Produkten auswählen können.
weil wir dringend Geld für Schulmöbel brauchen.
denn die Schulen und die Firmen profitieren davon.

Kontra: Sponsoring in der Schule lehne ich ab,
weil Schule und Werbung nicht zusammenpassen.
denn dadurch wird die Schulausstattung immer unterschiedlicher.

Seite 23

Ein Ergebnisprotokoll schreiben

1 Beispiellösung

TOP 2:

Pro-Argumente für Sponsoring waren:
Wir könnten das Geld für Sportgeräte gut gebrauchen.
Es gibt doch gute Produkte, für die man ruhig Werbung machen kann.
Von dem Geld könnten wir uns eine Klassenfahrt ins Ausland leisten.

Kontra-Argumente gegen Sponsoring waren:
In unserer Schule will ich keine Werbeplakate sehen.
Die Schulen werden nicht gleich behandelt.
Firmen bevorzugen westdeutsche Schulen.
Firmen könnten Forderungen an Schulen stellen und sich in den Schulalltag einmischen.

Seite 24

Teste dich!

2 a + b

Luca hat ein wichtiges Argument für die Meinung genannt. ⬜ S

Can hat ein Beispiel für das Argument angegeben. ⬜ U

Hannah hat einen Kompromiss vorgeschlagen. ⬜ P

Christian hat sich auf einen Vorredner bezogen. ⬜ E

Marie hat mit einem Gegenargument ein anderes Argument gut entkräftet. ⬜ R

3 Lösungswort: S U P E R

Seite 25

Von allem immer mehr? Mit Verknüpfungswörtern argumentieren

2 a + b

1. Eine Familie in Deutschland gibt im Jahr etwa 1200 Euro für Kleidung und Schuhe aus, da die Nachfrage nach neuer modischer Kleidung immer größer geworden ist.

2. Ein Arbeiter in Bangladesch verdient pro Monat etwa 42 Euro in der Textilherstellung, denn die Textilfirmen geben ihren Arbeitern zu wenig von ihren Gewinnen ab.

3. Fast das gesamte in Deutschland verkaufte Fleisch stammt aus Massentierhaltung, weil das Fleisch von artgerecht gehaltenen Tieren sehr teuer ist.

4. Es landen jährlich etwa 80 kg Lebensmittel pro Kopf im Müll, denn die Menschen wollen nur noch frische Lebensmittel essen und kaufen zu viel.

Seite 26

„Umtauschtag" – Passivsätze in Aktivsätze verändern

3 Die Hersteller verbrauchen z. B. für die Herstellung von 1 Kilogramm Jeans ca. 1 000 Liter Wasser.

Die Kleider-Tauschaktion bietet die Möglichkeit, weniger zu kaufen.

Am Umtauschtag hängt die gebrauchte Kleidung in der Schule auf Kleiderständern.

Seite 27

„Besser teuer als billig?" – Gegenargumente zuordnen

2 richtige Verbindungen
A 2, B 3, C 1

Seite 28

„Billiges Massenfleisch" – Den Aufbau eines Leserbriefs kennen

2 b **zu 1.** Einleitung: Bezug auf den Zeitungsartikel
zu 2. eigene Meinung
zu 3. Argument aus dem Artikel
zu 4. Argument mit einem Gegenargument entkräften
zu 5. Schluss/Forderung/Idee

Seite 29

„Mülltauchen – ein denkwürdiger Prozess" Einen Leserbrief schreiben

3 **Einleitung: Bezug auf den Artikel** Der Zeitungsartikel vom 10. 11. 20.. berichtet über einen Prozess, in dem zwei junge Leute angeklagt sind, durch Mülltauchen Lebensmittel gestohlen zu haben.

Eigene Meinung Ich meine, Mülltauchen ist keine Lösung für das Wegwerfen von Lebensmitteln.

Argument aus dem Artikel Die Mülltaucher sagen, sie protestieren damit gegen die Politik. Sie wollen auch auf unseren schlechten Umgang mit Lebensmitteln aufmerksam machen. Das sehe ich anders.

Argument mit Gegenargument entkräften Es ist nicht gut, wenn Menschen im Müll wühlen, denn dort sind z. B. auch verdorbene und stinkende Sachen.

Schluss/Forderung/Idee Meine Idee dazu ist: Der Supermarkt sollte Lebensmittel, die kurz vor dem Ablaufdatum sind, billiger anbieten.

Mein Traumjob

Seite 32

Berufsbezeichnungen verschiedenen Berufsfeldern zuordnen

1 b **Gesundheit/Soziales** Erzieher/Erzieherin, Krankenpfleger/Krankenpflegerin, Altenpflegerin/Altenpfleger, Kinderpfleger/Kinderpflegerin

Handwerk Gebäudereiniger/Gebäudereinigerin, Beiköchin/Beikoch, Frisör/Frisörin, Fliesenlegerin/Fliesenleger, Bäckerin/Bäcker

Service/Dienstleistung Gebäudereiniger/Gebäudereinigerin, Pferdewirtin/Pferdewirt, Tankwart/Tankwartin, Fachlagerist/Fachlageristin, Beiköchin/Beikoch

Verkauf/Handel Fachlagerist/Fachlagerist, Verkäuferin/Verkäufer, Außenhandelskaufmann/Außenhandelskauffrau, Bäckereifachverkäuferin/Bäckereifachverkäufer

Seite 33

Den Beruf „Fachlagerist/Fachlageristin" erkunden

2 Ein Fachlagerist muss gelieferte Waren annehmen.
Er prüft die Vollständigkeit der Waren mit einem Formular.
Er gibt die Namen und Menge der Waren am Computer ein.
Er transportiert die Waren mit einem Gabelstapler ins Lager.
Er beschriftet die Waren vor der Versendung.
Er füllt Begleitpapiere für die Waren aus.
Er kennt die Sicherheitsvorschriften und handelt danach.

Seite 34

Fragen zum Beruf „Beiköchin/Beikoch" stellen

2 b **Fragen in der Reihenfolge der Antworten:**

Welche Tätigkeiten gehören zu den Aufgaben in diesem Beruf?
Wo ist der Arbeitsplatz eines Beikochs/einer Beiköchin?
Arbeitet man auch mit Maschinen?
Um welche Aufgaben – außer dem Kochen – muss man sich noch kümmern?
Welchen Schulabschluss braucht man und wie lang ist die Ausbildung?
Was ist besonders wichtig bei der Arbeit in der Küche?

Seite 36

Traumjob „Pferdewirtin"? – Ein Referat vorbereiten

1 Beispiellösung

Tätigkeiten im Beruf Pferde füttern, tränken, pflegen, Stall und Ausrüstung sauber halten, auf ausreichende Bewegung der Tiere achten, für artgerechten Transport sorgen, auf die Gesundheit der Tiere achten, den Tierarzt bei der Behandlung unterstützen, Nachweise über Impfungen und Abstammung der Tiere führen

Ausbildungsdauer drei Jahre
Ausbildungsorte Gestüte, Reiterhöfe, Deckstationen, Reitsportvereine, Reitschulen und Rennställe
Fähigkeiten der Auszubildenden Verantwortungsbewusstsein, Interesse an Biologie, mathematisches Grundwissen
Schulabschluss mittlerer Schulabschluss, Hauptschulabschluss
Ausbildungsvergütung 1. Jahr 447–532 Euro, 2. Jahr 483–576 Euro, 3. Jahr 531–632 Euro

Seite 37

Teste dich!

1 a + b

Ein anderer Begriff für einen Ordner ist *Portfolio*.	F
Die Abkürzung BiZ bedeutet *Berufsinformationszentrum*.	Ä
Informationen über Berufen bieten *Internetseiten*.	H
Werden Menschen zu ihren Berufen gefragt, führt man *Experteninterviews*.	I
Ein Fachlagerist muss Waren *transportieren*.	G
Eine Köchin muss besonders achten auf *Hygiene*.	K
Eine Pferdewirtin muss viel Verantwortung *übernehmen*.	E
Pferdewirte sollten Interesse haben an *Biologie*.	I
Perdewirte sollten auch gut rechnen *können*.	T
Ein anderes Wort für die Suche nach Informationen ist *Recherche*.	E
Für ein Referat erstellt man eine *Mind-Map*.	N

2 **Lösungswort:** F Ä H I G K E I T E N

Seite 38

Angaben für einen Lebenslauf ordnen

2

Name:	Maxim Kirsch
Anschrift:	Roncallistr. 50, 53842 Rungsheim
E-Mail-Adresse:	Maxim03@e-mail.de
Geburtsdatum:	8. Februar 2001
Schulausbildung:	2007–2011 Grundschule Oberdorf
	seit 2011 Helene-Lange-Gesamtschule Düsseldorf
Praktikumserfahrungen:	2. 4. – 13. 4. 20.. als Gärtner, Gärtnerei Rungsheim
Besondere Kenntnisse und Fähigkeiten:	Computerkenntnisse, Teamfähigkeit
Hobbys:	Volleyball, Lesen
Ort/Datum/Unterschrift	Rungsheim, den 10. 3. 20..

Seite 40

Bestandteile eines Bewerbungsschreibens zuordnen

2 Name und Adresse (des Absenders)
Telefonnummer und E-Mail-Adresse
Name und Adresse des Betriebs
Betreff
Anrede
Haupttext mit Begründung
Schlussformel
Unterschrift
Anlagen

Seite 42

Ein Bewerbungsgespräch untersuchen

2 Wie oft kann ich eine Zigarettenpause machen?
Kann ich morgens etwas später anfangen?
Darf ich meinen Freundinnen im Laden die Haare umsonst föhnen?
Kann ich einen Vorschuss auf meinen Lohn bekommen?

3 **Beispiellösung**

Warum haben Sie den Schulabschluss nicht erreicht?

Deine Antwort: Ich hatte kaum Interesse am Unterricht. Jetzt merke ich aber, wie sehr mir das Wissen fehlt, und werde dies nachholen.

Warum haben Sie sich gerade bei uns beworben?

Deine Antwort: Ich war schon einmal Kunde/Kundin in Ihrem Salon und habe bemerkt, dass der Umgang mit den Mitarbeitern und Kunden sehr respektvoll ist. Das fand ich gut.

Den richtigen Ton finden

Seite 44

Begriffe der Jugendsprache ordnen

1 chillen – entspannen, ausruhen
megafett – ganz toll
logo – klar, logisch
echt Bock – viel Spaß
Event – Ereignis

2 **Beispiellösung**

voll fett – toll, stark, sehr gut
kp – kein Plan (im Sinne von „keine Ahnung")
Mumienhopse – Ü-30-Party
geflasht – beeindruckt
anwanzen – anbiedern, jmd. belauschen
Graspflücker – Vegetarier
drölf – unbekannte Zahl, Zahl zwischen zwölf und dreizehn
hdl – hab dich lieb
echt krass – wahnsinnig
ruled – besonders gelungen

3 **Übernahme englischer Begriffe (Anglizismen)** geflasht, ruled

bildhafte Ausdrücke Mumienhopse, Graspflücker

Abkürzungen kp, hdl

Übertreibungen voll fett, echt krass

Erfindung neuer Wörter anwanzen, drölf

Seite 45

Ein Quiz zur Jugendsprache durchführen

1 + 2 **Lösungswort:** J U G E N D S P R A C H E N

Seite 46

Satzanfänge zu einem Text über Jugendsprache ergänzen

2 Wissenschaftler loben *die Kreativität der Jugendlichen im Sprachverhalten.*

Schon im 19. Jahrhundert bildete *sich in den Kreisen der damaligen Studenten eine eigene Jugendsprache heraus.*

Später in den 1950er Jahren *erfanden die so genannten „Halbstarken" neue Begriffe.*

In den 1980er Jahren gab es z. B. Begriffe wie *„alles paletti" (alles gut) und „finster drauf" (das war man, wenn es in der Schule nicht gut lief).*

Jugendsprache war und ist bis heute *nie einheitlich.*

Außerdem verändert sich *die Jugendsprache ständig.*

Die Gruppenzugehörigkeit ist – *wie früher – das wichtigste Motiv der Jugendsprache.*

Die Zustimmung im eigenen Freundeskreis *hat im Jugendalter eine besonders große Bedeutung.*

Seite 47

Kiezdeutsch übersetzen

3 a + b

Beispiellösung

„Guckst du – bin isch Kino?"

   X Ich will nicht, dass du mich anstarrst.

   X Guck woanders hin, hier gibt's nichts Spannendes zu sehen.

Deine Übersetzung: Gibt's hier was zu glotzen?

„Ich war Fußball."

   X Ich habe Fußball gespielt.

   X Ich habe mir ein Fußballspiel im Stadion angeguckt.

Deine Übersetzung: Ich war beim Fußballtraining.

„Gehst du Bus?"

   X Fährst du mit dem Bus?

Deine Übersetzung: Gehst du zur Bushaltestelle?

„Mein Körper drinne tanzt voll, lan."

   X Ich tanze nur in meinen Gedanken.

Deine Übersetzung: Bei dieser Musik gehe ich innerlich mit.

Seite 48

Mofafahrer oder Mofa-Fahrende? – Begriffe verbinden

2 **richtige Verbindungen**
A 3, B 4, C 5, D 6, E 1, F 2

1 **Beispiellösung**

Glücksfee – Glücksfiguren, Glückserscheinungen
Schutzengel – Schutzhilfen, Schutzmächte
Badenixe – die Badenden

Seite 49

Dialektsprache untersuchen

3 **Asterix babbelt hessisch** Satz 2, Satz 3
Asterix auf Ruhrdeutsch Satz 1, Satz 6
Asterix balinat (berlinert) Satz 4, Satz 5

Seite 51

Teste dich!

1 + 2 **Lösungswort:** K I E Z E

3 coole Typen – gute Leute/gute Betreuer
Kids – Kinder und Jugendliche
geiler Job – interessante Aufgabe oder Arbeit
mega Event – tolle Veranstaltung
Fun – Spaß/Freude
Schnarchnase – Langweiler
tough – widerstandsfähig, gelassen
Stunk – Ärger/Streit
peilen – richtig verstehen
labern – reden/sprechen
echt krass – auffallend, wichtig, toll

4 **Beispiellösung**

Sehr geehrte Frau Menzel,

Sie suchen *gute Betreuer*, die während der Sommerferien *Kinder und Jugendliche* betreuen?

Ich glaube, dass ich für *diese interessante Aufgabe hervorragend* geeignet bin. In meiner Schule habe ich schon oft *tolle Veranstaltungen* geplant. Ich habe Spaß im Umgang mit *Kindern und Jugendlichen* und bin kein *Langweiler*. Wenn es aber sein muss, bin ich auch *widerstandsfähig*. Gibt es mal *Streit*, kann ich die Lage schnell *richtig verstehen*. Dann *rede* ich nicht lange, sondern *finde eine Lösung für alle*. Das kommt in der Regel *toll an*.

Über eine positive Antwort von Ihnen würde ich mich freuen.
Mit freundlichen Grüßen
Jens *Schmidt*

Seite 52

Die Bedeutung des Begriffs „Heimat" klären

2 **Beispiellösung**

Daheim bin ich, wenn ich mit meiner Familie gemütlich zusammensitze.
Daheim bin ich, wenn ich auch im Dunkeln den Weg zum Kühlschrank finde.
Daheim bin ich, wenn ich mich mit meinem Bruder streite, wer morgens zuerst ins Bad darf.

Seite 53

Was ist ein Heimaltdialekt? Sätze verbinden

3 Ein Heimatdialekt ist ein Dialekt, der in einer bestimmten geographischen Region gesprochen wird. Das Heimatland ist das Land, in dem man geboren ist.

Eine Wahlheimat ist die Heimat, die man sich selbst ausgesucht hat.

Ein Heimatdichter ist ein Dichter, der Texte über die Heimat schreibt.

Heimatkunde ist ein Fach, das früher in der Schule unterrichtet wurde.

Heimatlos sind Menschen, die ihre Heimat verloren haben.

Ein Heimathafen ist der Platz, an den ein Schiff immer zurückfährt.

Seite 54

Einen Text über Andrea Petkovic erkunden

2
Name der Tennisspielerin:	Andrea Petkovic
Alter:	26 Jahre
Reiseziele in diesem Jahr:	Australien, Slowakei, Dubai, USA
Sehnsucht der Tennisspielerin:	nicht in Hotels wohnen und nur aus dem Koffer leben
Jetziger Wohnort von Andrea Petkovic:	Eberstadt in Hessen
Gründe für die Wahlheimat Hessen:	in Ruhe niederlassen, sich wohlfühlen
Zweite Heimat von Andrea Petkovic:	Serbien
Gründe für das Heimatgefühl zu Serbien:	ihr Geburtsland, hat Wurzeln dort
Dritte Heimat der Tennisspielerin:	der Tennisplatz

Seite 55

Direkte Rede in indirekter Rede schreiben

2 Er sagte, er habe aus Respekt nicht gejubelt.
Er sagte, er wünsche, ein anderer hätte das Tor geschossen.
Er meinte, es tue ihm leid, dass sein Geburtsland wegen ihm verloren hat.
Er äußerte, Deutschland sei heute seine Heimat, aber dieser Sieg sei schwer zu ertragen.

Seite 56

Englische Wörter (Anglizismen) verstehen

2 ☒ Im Text werden keine Fremdwörter verwendet.

4 Nations League – die Länder-Liga
Teams – die Mannschaften
Finalturnier – der letzte Wettkampf
Trophäe – der Pokal
Champion – der erste Sieger
Ranking – die Rangfolgenliste
Divisionen – die Abteilungen
Topdivision – die Spitzen-Abteilung
Keeper – der Torhüter
Chance – die Möglichkeit
Topscorer – der Torschützenkönig
Fair-play-Team – die Mannschaft, die am anständigsten gespielt hat

Seite 57

„Pseudoenglisch" und korrektes Englisch unterscheiden

1 + 2 Lösungswort: R I C H T I G

3 + 4 b

Pseudoenglisch	deutsche Bedeutung	korrektes Englisch
checken	verstehen	(to) understand
Handy	Mobiltelefon	mobile/cell phone
Tramper	Anhalter	hitchhiker
Dressman	männliches Model	male model
Basecap	Schirmmütze	baseball cap
kicken	Fußball spielen	(to) play soccer

„Meine deutschen Wörter haben keine Kindheit"

Seite 58

Einen Redetext erschließen

2 + 3 Lösungswort: L A N D

Seite 59

Zwischenüberschriften zu einem Zeitungsbericht schreiben

2 Textabschnitt 1: Weshalb wurden in Deutschland Arbeitskräfte angeworben?
Textabschnitt 2: Aus welchen Ländern kamen die Gastarbeiter von 1955 bis 1969?
Textabschnitt 3: Textabschnitt 3: Was hat 1961 zum Beginn der türkischen Einwanderung geführt?
Textabschnitt 4: Textabschnitt 4: Woher kamen die meisten Bewerber bis zum Anwerbestopp?
Textabschnitt 5: Textabschnitt 5: Wie sieht die Situation in Deutschland heute aus?

Seite 60

Sprachbilder von Emine Sevgi Özdamar übersetzen

2 die Wörter verhaften — Man wird für seine Meinung eingesperrt.
die Wörter werden krank — Man hört Sätze, die traurig und krank machen.
die Wörter verstecken — Man muss genau auspassen, was man sagt.
in der Muttersprache müde werden — Die eigene Sprache will man nicht mehr hören.
sogar Steine suchen eine neue Sprache — Man kann eine andere Sprache lernen.
die Zunge hat keine Knochen — Wie eine Zunge kann sich die Sprache verändern.
die Zunge ins Deutsche drehen — Es gibt die Möglichkeit, etwas Neues zu suchen.

Seite 61

Die Lebensdaten der Autorin erschließen

2

Name:	Emine Sevgi Özdamar
Geburtsdatum:	10.8.1946
Geburtsort:	Malatya in der Türkei
Aufgewachsen in den Städten:	Istanbul, Bursa
Beschäftigt am Staatstheater von Bursa im Alter von:	12 Jahren
Als Gastarbeiterin nach Deutschland im Jahr:	1965
Arbeit in Berlin in einer:	Elektrofabrik
Schauspielschule und Theaterspielen in Istanbul in den Jahren:	1967–1976
Probleme in der Türkei nach dem Putsch im Jahr:	1971
Umzug nach Ostberlin:	1976
Studium in:	Paris
Beschäftigt am Schauspielhaus Bochum in den Jahren:	1979–1984
In Berlin als Autorin und Schauspielerin seit:	1986

Seite 62

Fragen zu einem Text beantworten

2 Warum waren die türkischen Filme für viele türkischstämmige Menschen wichtig?
– wussten wenig über die türkische Kultur

Wie oft konnte man damals die Türkei besuchen?
– alle drei bis fünf Jahre

Was war nicht leicht für die türkischen Menschen?
– die eigene Kultur zu leben

Welche Möglichkeit boten die türkischen Filme deshalb für die Menschen?
– die Kultur des Heimatlandes kennen zu lernen

Was zeigten die Filme?
– die türkische Welt, die Sprache, die Geschichte, die Gesellschaft und wie die Menschen in der Türkei leben

Seite 63

Liebe und Beziehungen in verschiedenen Kulturen erkunden

2 **Eltern von Hannah:**
– Männer in diesen Familien haben mehr zu sagen als Frauen
– zu wenig Wissen über die Kultur in der Türkei
– die Eltern mischen sich zu viel ein

Eltern von Mehmet:
– in unserer Familie großer Wert auf Zusammenhalt gelegt
– die „freie" Art der Mädchen gefällt nicht
– Eltern geschieden

Seite 65

Teste dich!

2 Bereits mit *zwölf* Jahren stand Emine Sevgi Özdamar in der Türkei auf der Bühne. Als die Autorin 1965 zum ersten Mal nach Deutschland kam, hatte sie *keinen* Schulabschluss und konnte *kein* Deutsch. Sie kam damals als Gastarbeiterin nach *Berlin* in eine *Elektrofabrik*. Danach besuchte Frau Özdamar die Schauspielschule in *Istanbul*. Sie zog 1976 wegen der militärischen Machtübernahme in der Türkei nach Deutschland. Seit 1986 lebt sie als Autorin und Schauspielerin in *Berlin*.

Seite 66

Einen Text lesen und verstehen

2 Ich-Erzählerin (z. B. rot markiert): „Ach, Entschuldigung."
Madame Gutsio (z. B. grün markiert):„Warum entschuldigst du dich, Zuckerpuppe?"
Ich-Erzählerin: „Ja, richtig. Entschuldigung."
Madame Gutsio: „Entschuldige dich doch nicht."
Ich-Erzählerin: „Okay, Entschuldigung."
Madame Gutsio: „Entschuldigung, bitte, aber warum entschuldigst du dich so viel?"
Ich-Erzählerin: „Entschuldigung, ich entschuldige mich nicht mehr."
Madame Gutsio: „Entschuldigung, Zuckerpuppe, aber du entschuldigst dich immer noch."
Ich-Erzählerin: „Ja, entschuldige, ich will nicht mehr entschuldigen."
Madame Gutsio: „Entschuldige dich nicht. Schluss."
Ich-Erzählerin: „Gut, ich entschuldige mich nicht, Entschuldigung."
Madame Gutsio: „Zuckerpuppe, Zuckerpuppe, mir gefällt das nicht, dass du dich immer entschuldigst."

Seite 68

Aus einem Textauszug einen Brief entwickeln

2 Beispiellösung

Liebe Eltern,

jetzt bin ich sogar auch Dolmetscherin für die türkischen Bewohner im Wohnheim, denn es gibt hier oft Probleme.
So schicken mich zum Beispiel die Frauen hin und her, damit ich ihre Beschwerden über andere Frauen weitergebe.
Und dann ist es auch sehr laut im Wohnheim. Deshalb gibt es darüber immer wieder Streit, den ich schlichten soll.
Besonders schlimm war ein Ehemann. Er sagte mir, ich sollte mit seiner Frau sprechen. Ich sollte ihr sagen,
dass er in die Türkei zurückgeht, wenn sie so weitermacht.
Aber macht euch keine Sorgen. Ich komme schon damit zurecht.

Es grüßt euch herzlich eure Tochter.

Seite 69

Aus der Sicht einer Romanfigur einen Brief schreiben

2 **Sie** musste ständig durch neue Türen rein- und rausgehen.
Ich musste ständig durch neue Türen rein- und rausgehen.

Sie fühlte **sich** im fremden Land am Anfang sehr verloren.
Ich fühlte **mich** im fremden Land sehr verloren.

Sie ging einmal mit anderen Mädchen in ein Kaufhaus.
Ich ging einmal mit anderen Mädchen in ein Kaufhaus.

Sie wollten einkaufen und kannten die deutschen Wörter nicht.
Wir wollten einkaufen und kannten die deutschen Wörter nicht.

Sie haben **ihre** Wünsche mit Geräuschen vorgespielt.
Wir haben **unsere** Wünsche mit Geräuschen vorgespielt.

Sie wackelten z. B. mit **ihrem** Hintern und sagten: „Gak, gak, gak", um Eier zu bekommen.
Wir wackelten z. B. mit **unserem** Hintern und sagten: „Gak, gak, gak", um Eier zu bekommen.

3 Beispiellösung

Liebe Eltern,

ich musste ständig durch neue Türen rein- und rausgehen. Ich fühlte mich im fremden Land am Anfang sehr verloren.
Ich ging einmal mit anderen Mädchen in ein Kaufhaus. Wir wollten einkaufen und kannten die deutschen Wörter nicht.
Wir haben unsere Wünsche mit Geräuschen vorgespielt. Wir wackelten z. B. mit unserem Hintern und sagten: „Gak, gak, gak",
um Eier zu bekommen.

Viele Grüße von eurer Tochter

In allen Lebenslagen zueinander stehen

Seite 71

Die Figuren der Kurzgeschichte „Scherben" beschreiben

3 b Beispiellösung

Ich-Erzähler	Mädchen	Pfarrer
traurig	verängstigt	ruhig
verletzt	mitfühlend	väterlich
beschämt	freundlich	verständnisvoll
aggressiv	betroffen	hilfsbereit

Seite 73

Was denkt Livia? – Die Zeitform in einem Text ändern

2 a Ich **muss** immer an ihn denken, denn ich **bin** in ihn verliebt. Ich **kann** ihm nicht in die Augen schauen. Der Junge, den ich **meine, heißt** Peter. Ich **weiß** nicht, ob er mich mag, denn er **sieht** mich nie an. Ich **will** nur ein einziges Date mit ihm. Ich **bin** süchtig nach ihm und nach Liebe. Ich **bin** enttäuscht, dass er mir keine Nachhilfe geben **will**. Ich **freue** mich über das gemeinsame Projekt. Ich **hoffe**, es wird ein cooles Date.

c Der Text beschreibt die innere Handlung.

Seite 74

Textstellen der Kurzgeschichte „Das Brot" verstehen

2 b A 6, B 4, C 2, D 1, E 3, F 5

Seite 76

Teste dich!

1+2 Lösungswort: M O T I V

4 Diese Tussi! Denkt wohl, sie wäre die Schönste. Das sieht doch ein Blinder, was die für ´ne Show abzieht. Ja, o.k., sie kann ganz gut tanzen. Nee, jetzt legt er auch noch einen Arm um sie. Ich will hier weg! Im Spiegel auf dem Klo finde ich mich widerlich. Als ich rauskomme, steht er da: „Sollen wir gehen?" An der Tür frage ich, was denn mit Kirsten ist. „O Gott, eine Nervtante, nee, vielen Dank!" Och, ich find die ganz nett", murmele ich.

Seite 77

„Der neue Bruder" (Teil 1) – Fragen zum Text beantworten

2 Definition Halbbruder: ein Bruder, der nur den Vater oder die Mutter mit einem anderen Menschen gemeinsam hat

3 Was stört Sarah am Verhalten von Oliver?
 – macht sich überall breit
 – hinterlässt eine Müllhalde

Aus welchem Grund wohnt Oliver mit seinem Vater Jürgen in dieser Wohnung?
 – Jürgen ist Lebensgefährte von Sarahs Mutter

Seite 78

„Der neue Bruder" – Teil 2 der Kurzgeschichte kennen lernen

2 Sarah ist so wütend, weil sie denkt, dass Oliver sie gemeint hat mit dem Wort Breitarschgesicht. Sie ist außerdem wütend, weil sie nicht will, dass er und sein Vater bei ihnen wohnen. Außerdem mag sie es nicht, dass Oliver seine Sachen nicht wegräumt.

Seite 79

Konfliktsituationen in der Geschichte untersuchen

1 c **Beispiellösung**
Ich hoffe, dass du nicht mich mit der Beleidigung „Breitarschgesicht" gemeint hast.

2 c **Beispiellösung**
Warum bist du so unfreundlich? Habe ich dir etwas getan?

3 b **Beispiellösung**
Danke, aber ich möchte deine Pizza nicht essen, weil du gerade behauptet hast, dass ich Bauchrollen hätte.

Seite 80

„Der neue Bruder" (Teil 3) – Sätze über das Ende der Geschichte ergänzen

2 Oliver hat am Telefon nicht über Sarah gehetzt, sondern über die Englischlehrerin gesprochen.
Als Oliver sich über Sarah beugt, kommt kein Wort über ihre Lippen.
Sarah sagt, dass sie wirklich gemein zu Oliver war.
Oliver schlägt vor, gemeinsam Spaghetti zu kochen.
Als Oliver über Sarahs Arm streicht, kriecht eine Gänsehaut über ihren ganzen Körper.

Seite 81

„Happy End" – Eine Inhaltsangabe der Kurzgeschichte schreiben

3 b **Beispiellösung**

Die Kurzgeschichte „Happy End" von Kurt Marti handelt von dem Streit eines Paares. Die Geschichte wurde geschrieben im Jahr 1960. Ein Paar hat sich einen Film im Kino angesehen. Der Mann hat sich geschämt für das Verhalten der Frau. Sie hat am Ende des Films geweint. Der Mann findet, dass die Frau sich unmöglich verhalten hat. In seiner Wut läuft er aus dem Kino, ohne auf sie zu warten. Die Frau holt ihn ein und muss sich anhören, wie er über sie schimpft. Die Frau ist nun auch wütend und findet ihn hart und ungerecht.

„Du bist mein und ich bin dein"

Seite 82

„In dein Herz" – Den Song kennen lernen

3 b Der Song besteht aus 4 Strophen. Der Refrain (nach Strophe 1) wird 4 mal gesungen.
Die Strophen 1 und 3 haben 4 Verse. In der letzten Strophe gibt es die Reimwörter erreichen und weichen/erweichen.

b **Beispiellösung**

Ich hatte keine Wahl, ich musste mit dir gehn.
Du musst mir nur vertrauen.
Ich will dich um jeden Preis erreichen.
Ich will in dein Herz, ob du willst oder nicht.

Seite 83

„Dû bist mîn, ich bin dîn" – Das Gedicht übersetzen

2 b

A Du bist mein, ich bin dein,	B Du bist mein, ich bin dein,
dessen sollst du sicher sein.	dessen sollst du gewiss sein.
Du bist in meinem Herz eingeschlossen,	Du bist beschlossen in meinem Herzen,
das Schlüsselchen ist verloren gegangen,	verloren ist das Schlüsselein,
du musst nun immer drinnen bleiben.	du musst auch immer drinnen sein.

3 mîn *mein*, dîn *dein*, solt *sollst*, gewis *gewiss*
beslozzen *beschlossen*, sluzzelîn *Schlüsselchen*

Seite 84

„Mit deinen blauen Augen" – Das Gedicht verstehen

2 Du siehst mich lieblich an mit deinen *blauen Augen.*
Ich kann nicht sprechen, mir wird so *träumend zu Sinne.*
Ich denke allerwärts *an deine blauen Augen.*
Es ergießt sich in mein Herz *ein Meer von blauen Gedanken.*

3 Die Auflösung ist im Arbeitsheft auf Seite 84 unten zu finden.

Seite 85

„Was es ist" – Das Gedicht erkunden

4 Die Vernunft sagt, es ist *Unsinn.* Die Berechnung sagt, es ist *Unglück.*
Die Angst sagt, es ist nichts *als Schmerz.* Die Einsicht sagt, es ist *aussichtslos.*
Der Stolz sagt, es ist *lächerlich.* Die Vorsicht sagt, es ist *leichtsinnig.*
Die Erfahrung sagt, es ist *unmöglich.* Die Liebe sagt, es ist *was es ist.*

5
die Vernunft: *vernünftig*	die Berechnung: *berechnend*
die Angst: *ängstlich*	die Einsicht: *einsichtig*
die Vorsicht: *vorsichtig*	die Erfahrung: *erfahren*

Seite 86

„Rastlose Liebe" – Die Reimwörter im Gedicht ergänzen

2
3. Strophe	fliehen	*a*
	ziehen	*a*
	vergebens	*b*
	Lebens	*b*

3 1. Strophe: Paarreim, 2. Strophe: Kreuzreim, 3. Strophe: Paarreim

4

1. Dem Schnee, dem Regen,
   Dem Wind *entgegen,*
   Im Dampf der Klüfte,
   Durch *Nebeldüfte,*
   Immer zu! Immer zu!
   Ohne Rast und *Ruh!*

2. Lieber durch Leiden
   Möchte ich mich *schlagen,*
   Als so viel *Freuden*
   Des Lebens *ertragen.*
   Alle das Neigen
   Von Herzen zu Herzen,
   Ach, wie so *eigen*
   Schaffet das *Schmerzen!*

   Wie soll ich fliehen?
   Wälderwärts *ziehen?*
   Alles vergebens!
   Krone des *Lebens,*
   Glück ohne Ruh,
   Liebe, bist *du!*

Seite 87

„Glückes genug" – Das Gedicht verändern

2 a **Detlev von Liliencron**
Glückes genug (1890)

Wenn sanft du mir im Arme schliefst,
Ich deinen Atem hören konnte,
Im Traum du meinen Namen **riefst,**
Um deinen Mund ein Lächeln **sonnte** –
Glückes genug.

Und wenn nach heißem, ernstem Tag
Du mir verscheuchtest schwere Sorgen,
Wenn ich an deinem Herzen lag
Und nicht mehr dachte an ein Morgen –
Glückes genug.

b [X] Kreuzreim

3 Wenn sanft du mir im Arme **schliefst,**
Im Traum du meinen Namen riefst.
Ich deinen Atem hören **konnte,**
Um deinen Mund ein Lächeln sonnte.
Und wenn nach heißem, ernstem **Tag**
Wenn ich an deinem Herzen lag.
Du verscheuchtest schwere **Sorgen,**
Und nicht mehr dachte an ein Morgen.

Seite 88

Teste dich!

2 + 3 Lösungswort: S I L B E R M O N D

Seite 89

„Glück (Liedchen)" – Das Gedicht erschließen

2 unpassende Aussagen, die zu streichen sind:
andere Menschen stören nur; Angst vor dem Treffen mit der geliebten Person haben

Seite 90

„Glück (Liedchen)" – Über das Gedicht schreiben

2 Titel Glück (Liedchen)
Autor *Joseph von Eichendorff*
Erschienen in den Jahren *um 1811/1812*
Das Gedicht handelt von *einem Menschen, der glücklich ist, weil er verliebt ist.* **(Beispiellösung)**

Form des Gedichts:
Die Anzahl der Strophen: *5*
Anzahl der Verse in den Strophen: *4*
Das Reimschema: Kreuzreim *a, b, a, b*

Die Reimwörter im Gedicht:
Seele *verhehle*, sich *ich*, drehen *verstehen*, gescheut *zerstreut*, Zimmer *Schimmer*,
Feld *Welt*, Freude *Heide*, Schloss *Ross*, sinn ich *herzinnig*, geschehn *sehn*

Inhalt des Gedichts:
In der 5. Strophe geht es um die Vorfreude auf das baldige Treffen.
In der 2. Strophe fühlt sich die Figur inmitten von anderen Menschen allein.
In der 4. Strophe möchte die Figur fort aus dem Haus, weiß nur nicht wie.
In der 1. Strophe wird das Glück durch Jauchzen und Singen beschrieben.
In der 3. Strophe schwärmt die Figur von der herrlichen Natur.

Seite 91

„Du bist wie eine Blume" – Das Gedicht untersuchen

2 Das Gedicht hat den Titel *„Du bist wie eine Blume".*
Der Autor des Gedichts heißt *Heinrich Heine.*
Geschrieben wurde das Gedicht *1827.*
Das Gedicht besteht aus *2* Strophen. Jede Strophe hat *4* Verse.
Das Gedicht hat insgesamt *8* Verse.
Es reimen sich in den Strophen jeweils Vers *2* und Vers *4.*
Im Gedicht „Du bist wie eine Blume" schildert eine verliebte Person, *wie sehr sie eine andere Person liebt.*
Es gibt im Gedicht ein Sprachbild. Die geliebte Person wird verglichen mit *einer Blume.*
Die erzählende Figur im Gedicht ist *traurig/nachdenklich,* weil *Schönheit und Jugend schnell vergehen.*

Seite 92

„Du bist wie eine Blume" – Über das Gedicht sprechen und schreiben

2 + 3 b Miriam sagt, ihr *gefalle die romantische Sprache gut.*
Hannah meint, da *habe jemand keine Ahnung von der Liebe.*
Paul ist der Meinung, der Mann *verhalte sich wie ein Vater.*
Elvis findet, der Mann *habe großen Respekt vor der Frau.*
Jessica sagt, sie *müsse bestimmt lachen bei diesen Worten.*
Fee äußert, dass Gedicht *sei so wie Sprüche von ihrer Oma.*
Jens glaubt, es *handele sich um Schwärmerei.*

Seite 93

„Willkommen und Abschied" – Gedichtverse einsetzen

3 Dich sah ich, und die milde Freude
Floss von dem süßen Blick auf mich;
Ganz war mein Herz an deiner Seite
Und jeder Atemzug für dich.

Ein rosenfarbnes Frühlingswetter
Umgab das liebliche Gesicht,
Und Zärtlichkeit für mich – ihr Götter!
Ich hofft es, ich verdient es nicht!

6 a Pferde *Erde*, gedacht *Nacht*, Eiche *Gesträuche*, da *sah*, Wolkenhügel *Flügel*, hervor *Ohr*, Ungeheuer *Feuer*, Mut *Glut*

   b Freude – *Seite*, mich *dich*, Wetter *Götter*, Gesicht *nicht*, Morgensonne *Wonne*, Herz *Schmerz*, Erden *werden*, Blick *Glück*

„Andorra"

Seite 94

Den Handlungsort des Dramas kennen lernen

3 Das Drama spielt *in dem erfundenen Land Andorra*.
Die Szene findet statt vor dem Elternhaus von *Barblin*.
Der Pater freut sich auf *ein weißes Andorra*.
Die Schwarzen sind *ein mächtiges Nachbarvolk von Andorra*.
Der Pater sagt, Andorra sei ein *schönes, aber sehr armes und frommes Land*.

Seite 95

Die Figuren des Dramas beschreiben

2 Folgende Stelle hast du sicher markiert: „Der Soldat schlägt ihm das Geld aus der Hand. Dann erklärt er, dass ein Jude immer nur ans Geld denkt." (Z. 6–7)

Seite 97

Dialoge für eine Szene schreiben

1 1. Andri findet es toll, dass Fedri sein Freund ist.
    Andri sagt zu Fedri: *„Es ist toll, Fedri, dass du mein Freund bist."* (Z. 32–33)

2. Der Tischler fragt Andri, warum er nicht in den Verkauf geht.
    Der Tischler fragt Andri: *„Warum gehst du nicht in den Verkauf?"* (Z. 66–67)

3. Andri erklärt dem Meister, dass dieser Stuhl nicht von ihm gezimmert wurde.
    Andri erklärt dem Meister: *„Meister, das ist aber nicht meiner!"* (Z. 77)

4. Der Geselle soll dem Tischler zeigen, welchen Stuhl er gemacht hat.
    Der Tischler fordert den Gesellen auf: *„Sag mir, welchen Stuhl hast du gemacht?"* (Z. 111)

5. Der Tischler wiederholt, dass Andri nicht in eine Werkstatt gehört.
    Der Tischler sagt zu Andri: *„Du gehörst nicht in eine Werkstatt."* (Z. 125)

6. Andri ist wütend und beschwert sich über die Gemeinheit des Tischlers.
    Andri sagt zum Tischler: *„Das ist eine Gemeinheit!"* (Z. 131)

7. Der Tischler will Andri zeigen, wie man Bestellungen schreibt.
    Der Tischler sagt zu Andri: *„Ich zeige dir, wie man Bestellungen schreibt."* (Z. 157)

8. Der Tischler erklärt, dass er es nur gut mit Andri meint.
    Der Tischler erklärt Andri: *„Ich mein´s gut mit dir."* (Z. 168)

Seite 98

Eine Rollenbeschreibung ausfüllen

4 Name: *Andri*, Alter: *20 Jahre*, Geschlecht: *männlich*

In wen ist Andri verliebt? *in Barblin, die Tochter des Lehrers Can.*

Was hat der Lehrer Can über Andri gesagt? *Der Lehrer hat Andri als jüdisches Kind ausgegeben, das er vor den „Schwarzen" gerettet hat.*

Wer ist Andri in Wirklichkeit? *In Wirklichkeit ist Andri der leibliche Sohn des Lehrers. Er stammt aus einer heimlichen Liebschaft zwischen dem Lehrer und einer „Schwarzen".*

Seite 99

Den weiteren Handlungsverlauf des Theaterstücks kennen lernen

2 Folgende Stelle hast du sicher markiert: „Alle glauben, dass Andri, „der Jude", diese Tat begangen hat." (Z. 14-15)

Seite 100

Eine Theaterkritik über das Drama verstehen

3 **Beispiellösung**

Welche Geschichte behandelt das Drama „Andorra"?
Ausgrenzung und Diskriminierung von Menschen; vom jungen Andri, einem vermeintlichen Juden, der mit Unterdrückung und Vorurteilen über das „Judsein" zurechtkommen muss

Wurde das Theaterstück von den Schauspielern frei oder eng am Text umgesetzt?
Umsetzung eng am Text

Welche wichtige Szene fehlte bei der Aufführung?
die vom Tode Andris handelt

Wie wurde die Volksmusik als Musikauswahl von den Zuschauern eingeschätzt?
führte zu Heiterkeit, war fehl am Platz

Seite 101

Teste dich!

3 + 4 Lösungswort: S Z E N E

5 **Beispiellösung**

Wo man hinkäme, sei schon einer, der alles wisse. Ein einfacher Mensch aus Andorra könne einpacken. Das Schlimme am Juden sei sein Ehrgeiz. Überall in der Welt säßen sie auf den Lehrstühlen. Leuten wie ihm bleibe nichts übrig, nur die Heimat.

Seite 102

Die Gedanken einer Figur in einer Szene verstehen

4 a **Beispiellösung**

A 5, B 3, C 1, D 4, E 2

Seite 103

Die Inhaltsangabe einer Szene schreiben

1 c Hauptsatz 1 – Nebensatz 5, Hauptsatz 2 – Nebensatz 3, Hauptsatz 3 – Nebensatz 1, Hauptsatz 4 – Nebensatz 4, Hauptsatz 5 – Nebensatz 2

2 Andri spricht mit den Eltern, denn er hat etwas Wichtiges zu sagen.
Er und Barblin wollen heiraten, da sie sich lieben.
Die Mutter kann die beiden verstehen, denn sie weiß, was Barblin und Andri fühlen.
Der Lehrer Can will von der Heirat nichts wissen, weil Barblin und Andri Halbgeschwister sind.
Barblin weint vor Enttäuschung, als sie die Weigerung des Vaters hört.

Seite 104

Ein Flussdiagramm für eine Szene anfertigen

3 Der Pater spricht mit Andri über seine Herkunft

↓

Er erklärt ihm, *dass er auch nichts davon gewusst hat.*

↓

Doch dann *tauchte Andris Mutter auf.*

↓

Der Pater erklärt ihm, *dass die Senora seine Mutter ist und Andri kein Jude.*

↓

Doch Andri *glaubt ihm nicht.*

↓

Der Pater schwört, das Andri *der Sohn des Lehrers und der Senora ist.*

↓

Andri antwortet, ihm wurde immer erklärt, *dass er anders ist.*

↓

Er hat festgestellt, *dass es stimmt, er ist anders.*

↓

Und der Pater hat ihm gesagt, *dass man annehmen muss, was man ist.*

↓

Nun muss der Pater ihn *auch als Juden annehmen.*

Seite 105

Einen Text über eine Dramenszene richtig schreiben

2 Einleitung *Das Drama „Andorra" von Max Frisch (1961) behandelt die Ausgrenzung und Beschuldigung von Menschen. Es geht im Theaterstück um das Unglück, das durch negative Vorurteile entstehen kann.*

Hauptteil *Die Szene zwischen Andri und dem Pater findet nach der Szene mit den Eltern statt. Andri glaubt den Worten des Paters nicht. Nachdem er die Vorurteile über Juden an sich überprüft hat, denkt er, sie könnten für ihn stimmen. Andri sagt dem Pater, dass er als Jude angesehen werden will.*

Schluss *Insgesamt zeigt die Szene, wie stark Vorurteile auf Menschen einwirken können. So hat selbst Andri die falschen Sichtweisen über Juden für sich übernommen.*

Kommunikation in den Medien

Seite 106

Einen Sachtext untersuchen

2 Der eigene Kanal der *Lochis* auf YouTube hat *600 000 Abonnenten.*
Angeklickt wurden ihre Videos fast *neunzig Millionen Mal.*
Die Lochis laden jeden Samstag *selbst komponierte Lieder und Telefonstreiche hoch.*
Der größte Erfolg der Lochis *heißt „Durchgehend online".*
Ihre Filme drehen *sie zu Hause und in den Straßen von Frankfurt.*
Die Lochis sind mittlerweile *als Partner von YouTube auch am Werbegewinn beteiligt.*

Seite 107

Ein Diagramm auswerten

3 **Lösungswort:** B L O G

4 Art der Grafiken von links nach rechts: Säulendiagramm, Kreisdiagramm, Balkendiagramm

Seite 108

Fragen aus einem Sachtext verändern

3 A Müssen wir es den Stars und Sternchen aus Film und Fernsehen gleichtun?
Wir müssen es nicht den Stars und Sternchen aus Film und Fernsehen gleichtun.

B Sollten wir mit den Selfies immer eine lustige Welt vortäuschen?
Wir sollten nicht mit den Selfies immer eine lustige Welt vortäuschen.

C Müssen wir die Trainingsfortschritte unserer Mitmenschen ständig verfolgen?
Wir müssen nicht die Trainingsfortschritte unserer Mitmenschen ständig verfolgen.

D Sollten wir auf einer Beerdigung Selfies mit lachenden Jugendlichen hochladen?
Wir sollten nicht auf einer Beerdigung Selfies mit lachenden Jugendlichen hochladen.

E Können wir mit Selfies zeigen, wie die Wirklichkeit aussieht?
Wir können mit Selfies nicht zeigen, wie die Wirklichkeit aussieht.

Seite 109

Einen Sachtext in einer Onlinezeitung kennen lernen

3 b 1. Pfeil *Vorlesen*, 2. Pfeil *Kommentar*, 3. Pfeil *Empfehlen*,
4. Pfeil *per Mail*, 5. Pfeil *Twittern*, 6. Pfeil *Drucken*

Seite 111

Medienformate unterscheiden

3 b
– Sie bieten die Möglichkeit, durch Originalstimmen und Geräusche Stimmungen und Zusatzinformationen
zu transportieren.
Radiotexte

– Der Nutzer hat die Möglichkeit, sich sofort zum Text schriftlich zu äußern. Er kann mit anderen Leserinnen und Lesern
in Kontakt treten. Es können zusätzliche Informationen durch die Vernetzung mit anderen Texten hinzugezogen werden.
Onlineformate

– Ein Sachthema wird mit Szenen, Zitaten und passenden Bildern aufbereitet. Die Informationen werden um bewegte
Bilder ergänzt. Man kann sich die Informationen gut merken, weil man sie zugleich hört und sieht.
Fernsehfeature

Seite 112

Teste dich!

2 **Informierende Sachtexte**
A Über das Geschehen wird sachlich informiert.
B Es werden viele Antworten auf W-Fragen gegeben.
D Der Sachverhalt wird ohne eigene Meinung geschildert.

Meinungsbildende Sachtexte
C Das Geschehen wird aus persönlicher Sicht dargestellt.
E Die Gefühle der Beteiligten werden besonders betont.
F Der Sachverhalt wird mit eigener Meinung geschildert.

3 Aber schult das nicht gerade für das Leben?   M

Die Kommunikation von Heranwachsenden erfolgt heute zunehmend durch den Austausch von Kurznachrichten.   I

Dafür gibt es eine neue Bezeichnung, die „Head-down-Generation".   I

Jedes Kind müsste doch wissen, dass man wütende Lehrer oder Mitschüler nicht filmt.   M

Sich im Netz zur Schau zu stellen, das ist peinlich.   M

Seite 113

Begriffe aus einem Sachtext klären

2 b Shitstorm: *Hetze (Beschimpfung im Internet)*, Pranger: *öffentliche Strafe*, Barbarei: *Grausamkeit/Unmenschlichkeit*, World Wide Web: *weltweites Netz*, Foren: *Austauschplätze im Netz*, Administratorin: *Verwalterin*, kommerziell: *geschäftlich*

Seite 114

In Relativsätzen fehlende Kommas einfügen

2 a *Man kann Gleichgesinnte,* **die** *das gleiche Hobby haben, finden.*
Bei Wikipedia, **das** *nur ein Beispiel von vielen ist, kann das Wissen geteilt werden.*
Man kann von einem Koch, **der** *in Thailand lebt, das Kochen lernen.*
Vom Sofa aus, **das** *im eigenen Wohnzimmer steht, kann man Vorlesungen hören.*
Aber die technischen Errungenschaften, **die** *das Internetzeitalter bietet, sind nicht nur positiv.*

Seite 115

Einen Sachtext verstehen

2 ☒ In den Chats wird das Gegenteil des Sprachverfalls deutlich. Die meisten Nutzer können zwischen unterschiedlichen Schreibweisen wechseln.

☒ Es gibt bisher keine Studie, die den oft vermuteten Verfall der Sprache beweisen kann.

Seite 116

Textabschnitte in die richtige Reihenfolge bringen

1 b 4 Georg Albert glaubt nicht, dass Geschwindigkeit und Platzmangel Gründe für die Sprache im Netz sind.
5 Zusammengefasst zeigen Ergebnisse der Forschungen, dass Chats nicht zum Sprachverfall führen. Viele Nutzer zeigen sogar eine höhere Fähigkeit beim Schreiben.
2 Es gibt bisher keine Studie, die den Sprachverfall beweisen kann. Wissenschaftler haben dabei z. B. die Satzstellung untersucht.
1 Mit den Zahlen über die heutige Nutzung von WhatsApp, Twitter und Facebook beginnt der Text.
3 Forschungsfragen gingen lange davon aus, dass der Chatkommunikation etwas fehlt, was im mündlichen Gespräch möglich ist.

„On the road"

Seite 118

„Tschick" – Die Figuren des Romans kennen lernen: Maik

2 b **Beispiellösung**

Die Romanfigur Maik ist einsam und hat keine Freunde. Das liegt daran, weil er zu schüchtern ist, um Menschen kennen zu lernen, und nicht, weil er zu langweilig ist. Maik ist verliebt in Tatjana, eine Mitschülerin.
Da er sportlich ist, versucht er, Tatjana im Sportunterricht mit einem Hochsprung zu beeindrucken.

Seite 119

Die Figuren des Romans kennen lernen: Tschick

2 A Wie heißt Tschick mit richtigem Namen? *Er heißt mit richtigem Namen Andrej Tschichatschow. (Zeilen 10, 13)*
B Aus welchem Land kommt Tschick? *Tschick kommt aus Russland. (Zeilen 11, 60–61)*
C Wann ist Tschick nach Deutschland gekommen? *Tschick ist vor vier Jahren mit seinem Bruder nach Deutschland gekommen.* (Zeile 69)
D Welche Schulen hat Tschick bisher besucht? *Tschick war bisher auf einer Förderschule, auf einer Hauptschule und auf einer Realschule, weil seine Leistungen die Schulwechsel erlaubten. (Zeilen 95–99)*
E Wie verhält sich Tschick bei der Vorstellung in der Klasse? **(Beispiellösung)** *Er weigert sich trotz der Bitte des Lehrers, sich den neuen Mitschülern vorzustellen. Dieses Verhalten ist ungewöhnlich, aber seine Gesten und Kommentare im Dialog mit dem Lehrer sind auch witzig und frech.*

F Wie verhält sich der Lehrer gegenüber dem neuen Schüler? **(Beispiellösung)** *Auch der Lehrer verhält sich ironisch und witzig gegenüber Tschick. Er spricht respektvoll von Tschicks schulischen Leistungen und ist freundlich zu ihm.*

4 Tschick heißt mit Vornamen eigentlich *Andrej.* Er kommt aus *Russland.*
Er verhält sich bei der Vorstellung durch den Lehrer **(Beispiellösung)** *ungewöhnlich.*
Er sagt zum Lehrer: *„Beginnen Sie."* und *„Nein im Sinne von ich möchte es lieber nicht erzählen."* (z.B. Zeilen 46, 76–77)

Seite 120

Einen Romandialog lesen und verstehen

2 Die Walachei ist ein Gebiet im Süden des heutigen Rumäniens.

4 X Maik denkt, die Walachei ist nur die Bezeichnung für einen Ort, den es gar nicht gibt.

X Tschick kennt das Gebiet im heutigen Rumänien, das Walachei heißt.

Seite 121

Die Beziehungen der Romanfiguren untersuchen

2 A 4, B 3, C 1, D 2

Seite 122

Standbilder zu den Beziehungen der Figuren bauen

2 Sie gerieten *in eine Balgerei. Sie verfluchten ihn gemeinsam. Sie benutzen alle dasselbe Handtuch.*

Seite 124

Ein Flussdiagramm zu dem Romanauszug erstellen

1 „Tschick" – Der Unfall

↓
Ich hielt auf das Hindernis zu.

↓
Im letzten Moment zog ich an ihm vorbei.
↓
„Brems!", schrie Tschick. Und meine Fuß bremste.

↓
Ich sah direkt vor mir die Fahrerkabine auf der Mitte der Autobahn.

↓
Der Schweinetransporter rutschte vor uns auf der Straße davon, dann fiel er krachend um.

↓
In absoluter Stille glitten wir auf diese Räder bzw. den Lkw zu und rauschten dann in den Laster rein.

↓
Der Sicherheitsgurt schnitt mich in der Mitte entzwei.
↓
Tschick hatte es auch überlebt.

Seite 125

Teste dich!

1 **Lösungswort:** M A I K

3 Maik und der russische Junge Tschick *werden* Freunde. Sie *wollen* mit einem gestohlenen Auto in die Walachei fahren.
Unterwegs *treffen* die beiden auf einem Müllplatz das Mädchen Isa.
Isa *begleitet* Tschick und Maik eine Zeit lang auf der Reise. Bei der letzten Fahrt mit dem Lada *verursacht* Maik
einen schweren Unfall auf der Autobahn.

Seite 126

Die Handlung des Films „Vincent will Meer" kennen lernen

2 Titel des Films: *Vincent will Meer*

Kurze Angaben zu den Hauptfiguren
Vincent: *leidet unter dem sogenannten Tourette-Syndrom*
Marie: ist *magersüchtig*
Alexander: *hat einen Ordnungs- und Reinigungszwang*

Filmhandlung in Kurzform
In einer Klinik trifft Vincent *Marie und Alexander.*
Die drei jungen Leute fliehen *aus der Klinik und stehlen das Auto der Heimärztin Dr. Rose.*
Sie wollen nach Italien ans Meer abhauen.
Sie kommen über Umwege endlich *ans Meer.*

Seite 127

Einen Filmdialog erschließen

2 A Vincent sagt: „Mutter sieht auf dem Foto am Meer sehr glücklich aus."
B Vincent fragt seinen Vater: *„Wo **ist** San Vincente?"*
C Vincent meint: *„Mutter **wollte** noch einmal dorthin."*
D Vincent fügt hinzu: *„Sie **hat** sich nicht getraut, dich darum zu bitten."*
E Vincent erklärt: *„Ich **wollte** Mutter nach San Vincente bringen."*
F Der Vater antwortet: *„Du **gehst** ja noch nicht einmal zum Bäcker."*

Seite 128

Sätze den Bildern des Films zuordnen

3 Nach dem Tanken hauen die drei ab, ohne zu bezahlen. `4`

Vincent, Marie und Alexander sind mit dem Auto auf der Autobahn. Sie wollen nach Italien fahren. `3`

Vincent hat Marie und Alexander in der Klinik kennen gelernt. Die drei stehlen das Auto der Klinikärztin. Alexander sitzt am Steuer. `2`

Vincent ist von seinem Vater in die Klinik gebracht worden. Die Klinik ist von hohen Zäunen umgeben. Vincent ist entsetzt. `1`

4 Im Film und im Roman ...

`X` reißen junge Leute aus, ohne ihren Eltern Bescheid zu sagen.

`X` stehlen die Jugendlichen Benzin. `X` sind die Jugendlichen mit einem Auto unterwegs.

5 Im Film und im Roman reißen junge Leute aus, ohne ihren Eltern Bescheid zu sagen.
Im Film und im Roman stehlen die Jugendlichen Benzin.
Im Film und im Roman sind die Jugendlichen mit einem Auto unterwegs.

Seite 129

Ideen für einen Film entwickeln

1 **Beispiellösung**

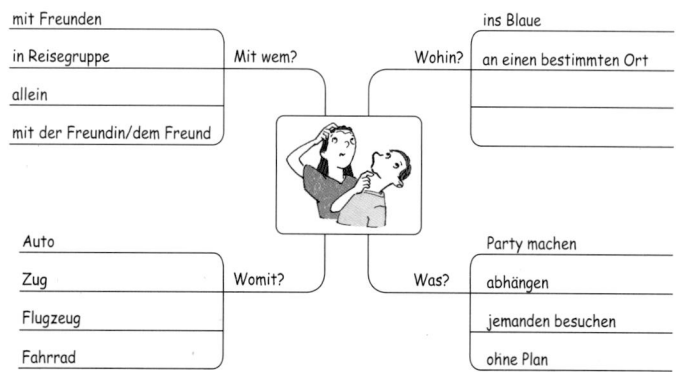

24

Grammatiktraining

Seite 130

Präpositionen

1 b, c
Ich bringe für den Onkel ein Stück Kuchen mit.
Der Hund läuft aufgeregt einmal um den Teich.
Nach dem Weckerklingeln schlafe ich oft wieder ein.
Nachmittags unternehme ich nichts ohne meinen Freund.
Gut gelaunt kommen wir aus der Schule.
Probleme kann ich gut mit meiner Lehrerin besprechen.
Man kann wenig gegen das Getuschel anderer machen.
Der Klassensprecher hat allen außer dem Lehrer Bescheid geben können.

2 **Präposition mit Akkusativ** *für den Onkel, um den Teich, ohne meinen Freund, gegen das Getuschel*
Präposition mit Dativ *nach dem Weckerklingeln, aus der Schule, mit meiner Lehrerin, außer dem Lehrer*

Seite 131

Der Numerus: Einzahl oder Mehrzahl?

2 a Subjekte; Prädikate

Sehr geehrte Frau Moritz,

die Hausaufgaben gestern kosteten mich sehr viel Zeit.

Ich schaffte es deshalb nicht, unser Referat vollständig vorzubereiten.

Meine Freundin Ronja und ich erstellten aber schon einmal eine Gliederung.

Wir übersahen dabei leider einen aktuellen Zeitungsartikel. Ronja plante, den Artikel in unser Referat einzupassen.

Mit freundlichen Grüßen

Karl

b *die Hausaufgaben kosteten, ich schaffte, meine Freundin Ronja und ich erstellten, wir übersahen, Ronja plante*

3 a + b
Ronja *arbeitet* an der Gliederung für das Referat.
Nach der Schule *treffen* sich Ronja und ihr Freund für das Referat.
Karl *bringt* ein Buch aus der Bücherei mit.
Ronja *hat* noch eine tolle Idee für das Referat.
Am Schluss *sind* Ronja und Karl stolz auf das Ergebnis.

Seite 132

Vergangenes durch Verben im Präteritum ausdrücken (1)

1 b Letzte Woche strahlte die Sonne vom Himmel.
Vorgestern regnete es nur. In Süddeutschland schneite es gestern.

2 a + b

Grundform	Präteritum
strahlen	sie strahlte
regnen	es regnete
schneien	es schneite
kaufen	er kaufte
rechnen	wir rechneten

3 sie sieht – sie sah, er ist – er war, es steht – es stand, sie schlafen – sie schliefen, wir können – wir konnten

Seite 133

Vergangenes durch Verben im Präteritum ausdrücken (2)

1 Letzte Woche *regnete* es zwei Tage lang.
Überall *standen* große Pfützen auf den Straßen.
Wir *wurden* auf dem Schulweg sehr nass.
Außerdem *konnte* unser Fußballturnier nicht draußen stattfinden.
Wir *mussten* es in die Halle verlegen.
In der Halle *waren* die Bedingungen nicht ideal.
Am Ende *gewann* unsere Klasse aber das Endspiel.
Die Schulleiterin *überreichte* uns einen großen Pokal.
Wir *freuten* uns sehr darüber.
Am Abend *versorgte* ich meine Wunde am Knie.

Seite 134

Zeichensetzung in der direkten Rede

2 Der Polizist sagt: *„Du fährst auf der falschen Seite!"*
„Ich muss aber schnell zur Schule", antwortet Steffi.
Der Polizist entgegnet: *„Die Strafe beträgt trotzdem zehn Euro."*
Steffi fragt: *„Kann ich die Strafe vielleicht bei der Polizei abarbeiten?"*
„Das ist eine nette Idee, aber das kann ich leider nicht akzeptieren", erwidert der Polizist.
Steffi meint: *„Schade, dann spreche ich mit meinen Eltern."*

Seite 135

Die indirekte Rede und das Verb im Konjunktiv I

1 b Polizist: „Du fährst auf der falschen Seite!"
„Die Strafe beträgt trotzdem zehn Euro."
„Das ist eine nette Idee, aber das kann ich leider nicht akzeptieren."

d Steffi: „Der Polizist schimpfte, ich *führe* auf der falschen Seite."
„Der Polizist entgegnete, die Strafe *betrage* trotzdem zehn Euro."
„Der Polizist antwortete, das *sei* eine nette Idee, aber das *könne* er leider nicht akzeptieren."

2 „Als Radfahrer in die falsche Richtung zu fahren, **ist** verboten."
Der Polizist sagte, als Radfahrer *sei es verboten, in die falsche Richtung zu fahren.*
„Die Strafe **kann** man nicht abarbeiten, man **muss** sie bezahlen."
Der Polizist sagte, *die Strafe könne man nicht abarbeiten, man müsse sie bezahlen.*

Seite 136

Wiederholung: Präposition, Numerus, Präteritum

1 b Folgende Präpositionen hast du sicher eingekreist: in, aus, unter

c *in, aus, unter, neben, vor, hinter, auf, über, durch, für, gegen, ohne, um, bei, mit, nach, sei, außer, von, zu*

2 b + c
Ich *will*, dass mein Essen gesund ist.
Mein Freund und ich *essen* auch mal gern Fast Food.
Aber im Allgemeinen *achten* wir auf eine ausgewogene Ernährung.
Heutzutage *erfinden* die Wissenschaftler immer neue Lebensmittel.
Pia *interessiert* sich sehr dafür.

3 b Gestern *fand* in der Sparkasse ein Überfall statt.
An dem Überfall *beteiligten* sich drei Männer.
Sie *stürmten* am Mittag in den Kassenraum.
Zwei Männer *hielten* eine Waffe in der Hand.
Der dritte Mann *reichte* dem Angestellten einen Sack.
Die Täter *zwangen* den Angestellten, den Sack zu füllen.
Anschließend *flüchteten* die Männer durch die Einkaufszone.

Seite 137

Wiederholung: direkte und indirekte Rede

1 b Jessica sagt: „Guten Tag!"
Die Angestellte erwidert: „Guten Tag! Wie **darf** ich Ihnen helfen?"
„Gestern habe ich ein Überraschungsei gekauft. Allerdings **kann** ich die Teile nicht zusammensetzen, weil die Bauanleitung **fehlt**", berichtet Jessica.
Die Angestellte erklärt: „ So etwas **passiert** leider manchmal. Um welche Figur handelt es sich?"
„Die Teile gehören wohl zu einem Flugzeug", beschreibt Jessica.
Die Angestellte sagt: „Das **ist** kein Problem, ich schicke Ihnen eine Bauanleitung.
Als Entschuldigung **sende** ich Ihnen noch ein paar neue Überraschungseier."
„Das ist sehr nett! Vielen Dank für Ihre Hilfe!", antwortet Jessica.

2 b Die Angestellte fragte mich, wie sie mir weiterhelfen *dürfe*.
Ich erzählte ihr, dass ich die Teile nicht zusammensetzen *könne*, weil die Bauanleitung *fehle*.
Die Angestellte bedauerte, dass so etwas leider manchmal *passiere*.
Sie fragte mich, um welche Figur es sich *handele*.
Es *sei* kein Problem, mir die Bauanleitung zu schicken.
Und als Entschuldigung *sende* sie mir noch ein paar neue Überraschungseier.

Seite 138

Adverbialsätze der Zeit

1 b + c
<u>Nachdem</u> die Mannschaft gefrühstückt hat, treffen sich alle im Besprechungsraum.
Frage: Wann treffen sich alle im Besprechungsraum?
Antwort: nachdem die Mannschaft gefrühstückt hat

Lisa darf beim Training zuschauen, <u>nachdem</u> sie die Bälle aus dem Geräteraum geholt hat.
Frage: Wann darf Lisa beim Training zuschauen?
Antwort: nachdem sie die Bälle aus dem Geräteraum geholt hat

<u>Bevor</u> der Trainer zur Pressekonferenz geht, spricht er mit dem Mannschaftsarzt.
Frage: Wann spricht der Trainer mit dem Mannschaftsarzt?
Antwort: bevor er zur Pressekonferenz geht

Lisa lief mit den Spielern in die Kabine, <u>als</u> ein Gewitter begann.
Frage: Wann lief Lisa mit den Spielern in die Kabine?
Antwort: als ein Gewitter begann

2 <u>Während</u> die Mannschaft trainiert, macht Lisa Fotos für ihre Praktikumsmappe.
Sie räumt die Mannschaftskabine auf, <u>bevor</u> die Fußballer vom Mittagessen zurückkommen.

Seite 139

Relativsätze am Satzende und als Einschub

1 b + c
2 b
Wir beobachteten <u>alle Kunden</u>**,** <u>die</u> sich auffällig verhielten.
<u>Ein Mann</u> fiel uns auf**,** <u>der</u> eine große Reisetasche bei sich trug.
Der Mann steckte <u>ein Portmonee</u> ein**,** <u>das</u> sehr teuer aussah.

2 c Folgende Relativpronomen hast du in deinem Heft sicher eingekreist: die, der, das

3 b
4 Die Schicht, <u>die</u> von 9 bis 13 Uhr dauerte, ging schnell vorbei.
Der Dieb, <u>den</u> der Detektiv gefasst hatte, wurde verurteilt.
Der Schmuck, <u>der</u> sehr wertvoll war, wurde zurückgegeben.
Der Abteilungsleiter, <u>dem</u> wir geholfen hatten, lobte uns für die gute Arbeit.

Seite 140

Personalpronomen

1 b Der Regisseur, die Kameraleute und die Tontechniker begrüßten mich freundlich.
Der Regisseur, die Kameraleute und die Tontechniker stellten dann die Geräte ein.
Sie stellten dann die Geräte ein.

Die Assistentin und ich setzten uns auf die Stühle am Rand des Geschehens.
Die Assistentin und ich konnten von dort den Dreh beobachten.
Wir konnten von dort den Dreh beobachten.

Am zweiten Tag durfte ich den Hauptdarsteller begleiten.
Der Hauptdarsteller war mir sehr sympathisch.
Er war mir sehr sympathisch.

2 b An meinem ersten Praktikumstag durfte *ich* den Hauptdarsteller den ganzen Drehtag lang begleiten. In der Maske hat er *mir* gezeigt, wie *er* geschminkt und frisiert wird. Das hat *mich* nicht besonders interessiert. Spannender fand *ich* es, als *wir* in das Studio gingen. Dort begleitete *mich* eine Assistentin der Regie. *Sie* zeigte *mir* die Kameraleute und die Tontechniker. Dann durfte ich *ihnen* bei der Arbeit zusehen. Später beantworteten *sie* geduldig meine Fragen.

Seite 141

Adverbialsätze des Grundes

1 b + c
Steffi muss eine weiße Haube tragen, weil sonst Haare in die Schokolade fallen.
Frage: Warum muss Steffi eine weiße Haube tragen?
Antwort: weil sonst Haare in die Schokolade fallen

Sie darf nicht ohne Handschuhe arbeiten, da das unhygienisch wäre.
Frage: Warum darf sie nicht ohne Handschuhe arbeiten?
Antwort: da das unhygienisch wäre

Die Pralinen werden mit der Zange angefasst, weil sie sonst Druckstellen bekommen.
Frage: Warum werden die Pralinen mit der Zange angefasst?
Antwort: weil sie sonst Druckstellen bekommen

Weil die Schokolade die richtige Temperatur hat, glänzt sie schön.
Frage: Warum glänzt die Schokolade schön?
Antwort: weil sie die richtige Temperatur hat

2 b Die Chefin schickt Steffi in den Nachbarraum, da sie eine andere Schablone holen soll.
Weil Steffi sich beeilt, lobt die Chefin sie.
Steffi ist traurig, weil das Praktikum schon bald vorbei ist.

Rechtschreibung

Seite 142

Rechtschreibstrategie Schwingen

1 b + c wir hof fen – er hofft – die Hoff nung
2 b
wir gril len – er grillt – der Grill

wir tip pen – er tippt – der Tipp

wir es sen – er isst – das Es sen

wir schwim men – er schwimmt – der Schwim mer

3 der Hammer, der Hase, die Sonne, die Dose, die Kappe, der Rüssel

Seite 143

Rechtschreibstrategie Verlängern

1 a–c
b oder p?
das Sie**b** – *die Siebe* – *das Sieb*
lie**b** – *lieber* – *lieb*
sie lo**bt** – *loben* – *sie lobt*

d oder t?
das Ra**d** – *die Räder* – *das Rad*
gesun**d** – *gesünder* – *gesund*
der Hun**d** – *die Hunde* – *der Hund*

g oder k?
der We**g** – *die Wege* – *der Weg*
er le**gt** – *legen* – *er legt*
schrä**g** – *schräger* – *schräg*

2 b Der Köni**g** hatte seinen Schatz dem Ritter Helmut anvertraut. Das Gol**d** la**g** in einer Truhe auf der Bur**g** des Ritters. Doch am helllichten Ta**g** verschwan**d** es. In der Truhe war nur noch Stau**b**. Neben dem Ritter stand ein Zwer**g**, der die ganze Zeit nieste. Kennst du den Die**b**?

Seite 144

Rechtschreibstrategie Ableiten

3 a–c
der B**ä**cker – *backen* – *der Bäcker*
das Geb**äu**de – *bauen* – *das Gebäude*
der Verk**äu**fer – *verkaufen* – *der Verkäufer*
die H**ä**nde – *die Hand* – *die Hände*
die L**ä**nder – *das Land* – *die Länder*
die M**äu**se – *die Maus* – *die Mäuse*

3 a + b
sie beh**ä**lt – *behalten*
er f**ä**ngt – *fangen*
sie f**ä**hrt – *fahren*
er h**ä**lt – *halten*
sie tr**ä**gt – *tragen*
er r**ä**t – *raten*

Seite 145

Fremdwörter erkennen und richtig schreiben

2 a **Foodsharing – Die Lebensmittelretter**
Lebensmittelretter möchten anderen Menschen zeigen, dass Lebensmittel nicht verschwendet oder weggeworfen werden sollten. Mit dieser guten Aktion kann jeder selbst Lebensmittel retten. Hier bekommst du die Information, wie man sich einsetzen kann.
Die Lebensmittel werden bei den Spenderbetrieben abgeholt. In Kooperation mit den Lebensmittelrettern werden die Spenden an Menschen verteilt, die sie brauchen.
Die Spendenempfänger zeigen eine positive Reaktion. Darüber hinaus war die Produktion der Lebensmittel nicht umsonst. Dieses Projekt benötigt eine gute Koordination. Dafür braucht es dich als zuverlässigen Lebensmittelretter! Hast du Lust, mitzumachen?

2 b

3 + 4

Nomen mit Artikel	Bedeutung	Verben mit -ieren
die Aktion	die Unternehmung	aktivieren
die Information	*die Auskunft*	*informieren*
die Kooperation	*die Zusammenarbeit*	*kooperieren*
die Reaktion	*die Rückwirkung/die Antwort*	*reagieren*
die Produktion	*die Herstellung*	*produzieren*
die Koordination	*die Abstimmung*	*koordinieren*

Seite 146

Zusammen- und Getrenntschreibung von Verben

1 *fotografieren gehen, schwimmen gehen, shoppen gehen*

2 **Beispiellösung**

Für den Fotowettbewerb muss ich in den Park *fotografieren gehen.*
Am Nachmittag will ich mit meinen Freunden *shoppen gehen.*
Am Wochenende wollen meine Eltern mit uns *schwimmen gehen.*

3 b Ich muss heute dringend mein Referat *fertig machen.*
Jemand will meinen Freund *fertigmachen.*
Man kann eine Klassenarbeit notfalls auch *krank schreiben.*
Meine Mutter lässt sich vom Arzt *krankschreiben.*

Seite 147

Groß- und Kleinschreibung von Zeitangaben

2 a Leider begann gestern Morgen wieder der Alltag. Es war Montagmorgen.

Es fällt mir morgens schwer, pünktlich aufzustehen. Dagegen ist es für mich abends am schönsten, weil dann alles ruhig wird. Wie gut, dass ich morgen Nachmittag frei habe. Dann kann ich mich schon nachmittags auf den gemütlichen Freitagabend vorbereiten. Besonders schön ist auch der Samstagmorgen. Dann genieße ich es, in Ruhe zu frühstücken. Für andere ist sonntags der richtige Tag zum Ausruhen.

2 b
3 **Beispiellösung**

Tageszeiten/ Wochentage mit s am Ende	Tageszeiten nach gestern/heute/morgen	Zusammensetzung aus Wochentag und Tageszeit
morgens	*gestern Morgen*	*der Montagmorgen*
abends	*morgen Nachmittag*	*der Freitagabend*
nachmittags	heute Mittag	*der Samstagmorgen*
sonntags	morgen Abend	der Mittwochmittag
mittags	gestern Nachmittag	der Dienstagabend
montags	heute Morgen	der Sonntagnachmittag
vormittags	morgen Nacht	die Montagnacht
nachts	heute Nacht	der Freitagmorgen

Seite 148

Nominalisierung von Verben und Adjektiven

2 Nominalisierungen von Verben; Nominalisierung von Adjektiven

Gestern habe ich eine Talkshow über besondere Menschen gesehen. In der Sendung waren die unterschiedlichen Personen das Interessante. Wichtig war ihnen das Zeigen ihrer Tattoos.
Jeder gab seine Meinung zum Besten. Ich wurde beim Zuhören nachdenklich: Habe ich vielleicht vorschnell Vorurteile?
Am Ende wurde etwas Logisches zusammengefasst: Jeder Mensch hat viel Einzigartiges!

3 beim Duschen: Morgens beim Duschen singe ich laut.

Beispiellösung

vom Schreiben: Die Entzündung kommt vom Schreiben der langen Texte.
das Kicken: Toll ist das Kicken der Fußballer.
beim Einkaufen: Meiner Oma wurde beim Einkaufen das Portmonee gestohlen.

4 der Neue: In der Klasse muss der Neue noch alle Namen lernen.

Beispiellösung

viel Aufregendes: Auf dem Wandertag haben wir viel Aufregendes erlebt.
wenig Schlechtes: Der Trainer kann wenig Schlechtes über das Spiel berichten.
etwas Schönes: Für deinen Geburtstag ist mir etwas Schönes eingefallen.

Seite 149

Kommasetzung in Satzgefügen

2 a + b + c

Ein Kaffeeprojekt

In Italien und Spanien gehen viele Menschen, bevor sie mit ihrer Arbeit beginnen, zum Kaffeetrinken in eine Bar. Es entstand eine Idee zu einem interessanten Projekt, weil sich nicht mehr jeder einen Kaffee in der Bar leisten kann. Wohlhabendere Menschen bezahlen zwei Tassen Kaffee, obwohl sie nur eine trinken wollen. Die zweite Tasse wird einem bedürftigen Menschen gespendet, wenn er kein Geld für einen Kaffee übrig hat.

3 b + c

Diese Idee ist auch für Deutschland gut, da sie die Gemeinschaft stärkt. Die Bedürftigen werden den Kaffee nicht annehmen, wenn sie sich beschämt fühlen. Eine solche Spende hilft in Deutschland nicht, weil Kaffee hier kein Grundnahrungsmittel ist.

Seite 150

Kommasetzung in das/dass-Sätzen

1 b Es ist ein wichtiger Schritt, dass Menschen zu teilen beginnen.
Ich kann sagen, dass ich dem Projekt positiv gegenüberstehe.
Ich finde es toll, dass einige Menschen anderen einen Kaffee spendieren.
Ich meine, dass in Deutschland andere Hilfen wichtiger sind als Kaffee.
Ich denke, dass durch das Projekt die Armut vieler Menschen in den Blick gerät.

2 **Beispiellösung**

Man weiß doch, dass es viele arme und nur wenig reiche Menschen gibt.
Ich finde es positiv, dass es Menschen gibt, die sich Hilfen überlegen.
Es ist doch so, dass nur wenige Menschen etwas abgeben wollen.
Ich glaube, dass man so auch andere Menschen für soziale Ideen begeistern kann.

3 Die Würde der bedürftigen Menschen ist ein Thema, das man nicht ignorieren darf.
Die Bereitschaft zu spenden ist ein Argument, das den Anstoß geben muss.
Viele Menschen unterstützen das Projekt, das als Ziel einen fairen Umgang miteinander hat.

Seite 151

Übungsstationen: Verlängern und Ableiten

1 wichtig – *wichtiger*
(das) Land – *die Länder*
(der) Weg – *die Wege*
er bleibt – *bleiben*

2 Jeder Mensch sollte das *Land*, in dem er lebt, mitgestalten.
Dazu ist es *wichtig*, sich zuerst einmal über Politik zu informieren.
Natürlich ist der *Weg* zu Veränderungen manchmal lang und steinig.
Aber Politik *bleibt* eine Aufgabe für alle.

3 Der Mensch w**ä**chst an seinen Herausforderungen. – *wachsen*
Ich tr**äu**me von einem Urlaub am Strand. – *der Traum*
In seinem Leben sammelt man viele **E**rfahrungen.
Nach jeder Schulstunde l**äu**tet die Glocke zur Pause. – *laut*
Meine Fr**eu**nde gehen gern ins Schwimmbad.
Die Erw**ä**rmung des Klimas ist ein großes Problem. – *warm*

Seite 152

Übungsstationen: Getrennt- und Zusammenschreibung; Nominalisierungen

1 b Du kannst im Auto *sitzen bleiben*. In der Schule will man nicht *sitzenbleiben*.
Die Aufgabe kannst du *locker machen*. Vor dem Sport sollte man die Muskeln *lockermachen*.
Mutter lässt die Fenster manchmal *offen stehen*. Mit guten Lernergebnissen wird dir die Zukunft *offenstehen*.

2 Mit all seinen Wundern ist das Leben großartig.
Das *Großartige* im Leben sind die Wunder.
Wenn ich laufe, ziehe ich eine Sporthose an.
Ich trage zum *Laufen* eine Sporthose.
Wenn ich schreibe, werden oft meine Hände kalt.
Beim *Schreiben* bekomme ich oft kalte Hände.
Der Film ist wegen der Actionszenen sehr spannend.
Das *Spannende* an dem Film sind die Actionszenen.

Seite 153

Übungsstationen: Schreibung von Zeitangaben; Kommasetzung in Satzgefügen

1 Maike hat einen vollen Terminkalender.
Von **m**ontags bis **f**reitags ist sie vormittags in der Schule.
Am **N**achmittag hat sie freie Zeit – nur am **D**ienstag und **D**onnerstag nicht, dann ist Handballtraining.
Und **s**amstags trifft sie sich mit ihrem Vater. Maike ist **a**bends oft sehr geschafft.
Aber am **S**onntagvormittag will sie mal ordentlich ausschlafen.

2 Hauptsatz; Nebensatz

Maike verabredet sich gern mit ihrer Freundin, weil sie gemeinsam tolle Sachen unternehmen können.
Sie denkt oft an die Zeit, als sie noch keine Freundinnen waren.
Damals fühlte Maike sich allein, obwohl sie viele Leute kannte. Sie war sogar oft traurig, bevor sie Steffi traf.
Das ist nun anders, weil sie mit Steffi über alles reden kann. Die Freundin tröstet sie, wenn sie mal Kummer hat.
Die Mädchen tragen das gleiche Armband, damit jeder ihre Zusammengehörigkeit erkennen kann.

„Hier rein, da raus?"

Seite 154

Einen Text über das Gedächtnis erschließen

2 Das Dachgeschoss: *Das Langzeitgedächtnis*
Der erste Stock: *Das Kurzzeitgedächtnis*
Die Eingangstür und das Erdgeschoss: *Das Ultrakurzzeitgedächtnis*

3 Was ist wichtig, damit man das Gelernte im Kurzzeitgedächtnis nicht gleich wieder vergisst?
Der Lernstoff sollte in den ersten zwei bis drei Tagen oft wiederholt werden.
Was ist wichtig, damit das Wissen im Langzeitgedächtnis wieder abgefragt werden kann?
Der Lernstoff sollte regelmäßig trainiert werden.

Seite 155

Einen Text über Lerntypen zusammenfassen

3 Der kommunikative Lerntyp: *lernt durch Teilnahme an Diskussionen, Arbeitsgruppen, Rollenspielen*
Der auditive Lerntyp: *lernt durch Hören*
Der motorische Lerntyp: *lernt durch Bewegung oder Nachmachen*
Der visuelle Lerntyp: *lernt durch Lesen, durch Betrachtung von Bildern und Tabellen*

Seite 156

Angaben über die Lerntricks der Gedächtniskünstler ordnen

2 + 3 Lösungswort: T E S T

Eigene Interessen und Eigenschaften beschreiben

Deine Suche nach einem passenden Beruf wird leichter, wenn du gut darüber Auskunft geben kannst, was dich besonders interessiert und was deine Stärken sind. Das hilft dir auch bei deinen Vorstellungsgesprächen in den Betrieben. Für alle Unterlagen, die du zum Thema Berufswahl anfertigst oder bekommst, solltest du einen Ordner (ein Portfolio) erstellen.

1 a Lies die Beschreibung von Interessen, Fähigkeiten und Stärken.

   b Unterstreiche die Sätze, die für dich zutreffen.

Ich interessiere mich für Mode.	Ich interessiere mich für Musik.
Ich interessiere mich für Technik.	Ich interessiere mich für andere Länder.
Ich interessiere mich für den Computer.	Ich interessiere mich für Kunst.
Ich kann gut mit Tieren umgehen.	Ich kann gut mit Pflanzen umgehen.
Ich kann gut im Team arbeiten.	Ich mache viele Dinge lieber allein.
Ich kann gut zuhören.	Ich komme leicht mit anderen ins Gespräch.
Ich bin lieber drinnen als draußen.	Ich bin lieber draußen als drinnen.
Ich bin gut in Werken und Basteln.	Ich bin gut in Sport.
Ich bin gut in Deutsch.	Ich kann gut Texte und Formulare lesen.
Ich kann gut schreiben.	Ich bin gut in Mathematik.
Ich kann Textaufgaben lösen.	Ich kann Flächen berechnen.

2 Schreibe deine wichtigsten Interessen, Fähigkeiten und Stärken auf.
   Tipp: Du kannst natürlich auch Interessen und Stärken angeben, die nicht in der Tabelle stehen.

Ich interessiere mich besonders für _____

_____

Mein Lieblingsfach in der Schule ist _____

_____

Ich kann gut/Ich bin gut in _____

_____

Deshalb ist mein Wunschberuf _____

_____

Berufsbezeichnungen verschiedenen Berufsfeldern zuordnen

Alle Berufe lassen sich Berufsfeldern zuordnen. Berufsfelder zeigen immer
mehrere Berufe. So kann man sich für einen anderen entscheiden, wenn es mit
dem Traumberuf nicht klappt.

1 Trage die Berufe aus dem Kasten in die verschiedenen Berufsbereiche ein.
Tipp: Einige Berufe können in verschiedene Bereiche eingetragen werden.
Weitere Berufe und Bereiche findest du im Internet unter der Adresse
www.jungeSeiten.de/Berufswelten

- Gebäudereiniger/Gebäudereinigerin
- Erzieher/Erzieherin
- Pferdewirtin/Pferdewirt
- Tankwart/Tankwartin
- Krankenpfleger/Krankenpflegerin
- Fachlagerist/Fachlageristin
- Beiköchin/Beikoch
- Frisör/Frisörin
- Verkäuferin/Verkäufer
- Fliesenlegerin/Fliesenleger
- Bäckerin/Bäcker
- Altenpflegerin/Altenpfleger
- Außenhandelskaufmann/Außenhandelskauffrau
- Bäckereifachverkäuferin/Bäckereifachverkäufer
- Kinderpfleger/Kinderpflegerin

Gesundheit/Soziales

_____

_____

_____

_____

Handwerk

_____

_____

_____

_____

Service/Dienstleistung

_____

_____

_____

_____

Verkauf/Handel

_____

_____

_____

_____

2 Vergleicht eure Lösungen in Partnerarbeit.

Den Beruf „Fachlagerist/Fachlageristin" erkunden

Philipp sitzt ungern am Schreibtisch, sondern ist immer in Bewegung. Er arbeitet gern selbstständig. Er kann mit dem Computer umgehen und technische Geräte bedienen. Vom Berufsinformationszentrum (BiZ) hat Philipp Informationen über den Beruf „Fachlagerist" bekommen. In diesem Beruf kann er sogar ohne Schulabschluss eine 2-jährige Ausbildung machen. Danach gibt es Möglichkeiten für weitere Ausbildungen in diesem Berufsfeld.

1 Lies die Angaben über die Aufgaben und Tätigkeiten.

Fachlagerist/Fachlageristin: Aufgaben und Tätigkeiten

- Sicherheitsvorschriften kennen und danach handeln

- Namen und Menge der gelieferten Waren am Computer eingeben

- Vollständigkeit der Waren mit Formular prüfen

- gelieferte Waren annehmen

- Waren vor Versendung beschriften

- Begleitpapiere für die Waren ausfüllen

- Waren mit Gabelstapler ins Lager transportieren

2 Ergänze die Sätze über die Aufgaben und Tätigkeiten von Fachlageristen.

Ein Fachlagerist muss gelieferte _____ .

Er prüft die Vollständigkeit _____ .

Er gibt die Namen und _____ .

Er transportiert _____ .

Er beschriftet die Waren vor _____ .

Er füllt Begleitpapiere für _____ .

Er kennt die Sicherheitsvorschriften und _____ .

Methode	**Informationen zu Berufen recherchieren**

Für die richtige Berufswahl sollte man sich gründlich informieren.

- Die **Internetseiten:** z. B. www.planet-beruf.de, www.arbeitsagentur.de und www.berufe.tv bieten euch wichtige Informationen über viele Berufe.
- Die **Berufsinformationszentren** (BiZ) geben in den Agenturen für Arbeit genaue Informationen zu Ausbildung und Bewerbung. Es werden auch speziell Veranstaltungen für Schülerinnen und Schüler zur Berufswahl angeboten.
- In **Experteninterviews** könnt ihr Menschen befragen, die in diesem Beruf bereits arbeiten. Auch dadurch bekommt ihr gute Informationen über die Berufe.

Fragen zum Beruf „Beiköchin/Beikoch" stellen

Lucie und Sven haben ein gemeinsames Hobby, das ist Kochen.
Sie versäumen keine Kochsendung im Fernsehen und tauschen begeistert
Rezepte aus. Beide sind lieber drinnen als draußen und können gut
im Team arbeiten. Um Informationen über ihren Wunschberuf Koch/Köchin
zu bekommen, befragen die Schüler eine Tante von Sven.
Frau Letze arbeitet schon lange als Beiköchin in einem Restaurant.

1 Lies die Notizen, die sich die Schüler im Gespräch gemacht haben.

Man muss Gemüse und Salat putzen und viele Zutaten für das Essen vorbereiten.
Man kocht nach Rezepten, zum Beispiel Suppen und Fisch- und Fleischgerichte.

Als Beikoch arbeitest du in der Küche eines Restaurants oder Hotels.
Viel Platz gibt es da an den einzelnen Kochstellen nicht.

Man muss die Küchenmaschinen bedienen und reinigen können.

Neben dem Kochen kümmert man sich um das Lagern der Lebensmittel.
Man muss Waren entgegennehmen und die Ablaufdaten der Lebensmittel kontrollieren.

Für den Beruf braucht man nicht unbedingt einen Schulabschluss. Die Ausbildung dauert
zwei Jahre. Danach kann man sich in verschiedenen Bereichen weiter ausbilden lassen.

Besonders wichtig ist bei der Arbeit in der Küche, auf die Hygiene, also die Sauberkeit, zu achten.

2 Welche Fragen haben Lucie und Sven an Frau Letze gestellt?

a Lies die Fragen.

b Scheibe die passenden Fragen über die Antworten in Aufgabe 1.

— Wo ist der Arbeitsplatz eines Beikochs/einer Beiköchin?

— Was ist besonders wichtig bei der Arbeit in der Küche?

— Welche Tätigkeiten gehören zu den Aufgaben in diesem Beruf?

— Arbeitet man auch mit Maschinen?

— Welchen Schulabschluss braucht man und wie lang ist die Ausbildung?

— Um welche Aufgaben – außer dem Kochen – muss man sich noch kümmern?

Traumjob „Pferdewirtin"? – Ein Referat vorbereiten (Teil 1)

Marie hat seit zwei Jahren einen Job in einem Reitstall. Sie weiß genau, wie hart und anstrengend die Arbeit mit Pferden ist. Man muss bei jedem Wetter raus und oft mehr als 40 Stunden pro Woche arbeiten. Trotzdem will sie unbedingt Pferdewirtin werden.
Für ein Referat, in dem sie den Beruf in der Klasse vorstellen möchte, sammelt sie zunächst Informationen. Sie nutzt das Internet mit der Adresse www.berufenet.arbeitsagentur.de.

1 Lies die Angaben, die auf der Internetseite zum Beruf „Pferdewirt/Pferdewirtin" gemacht werden.

A **Worauf kommt es bei diesem Beruf an?**
– Bei der Tätigkeit als Pferdewirtin ist Verantwortungsbewusstsein besonders wichtig. Mit den Tieren muss gut umgegangen werden. Die Ausrüstung muss sorgfältig gepflegt werden.
– Interesse an Biologie sollte vorhanden sein, da man sich z. B. mit Abstammungslehre und Zucht beschäftigt. Für die Futterrationen und Mischungen ist Wissen aus der Mathematik erforderlich.

B **Was macht man in diesem Beruf?**
– die Pferde füttern, tränken und pflegen
– den Stall und die Ausrüstung sauber halten
– auf ausreichende Bewegung der Tiere achten
– für artgerechten Transport sorgen
– auf die Gesundheit der Tiere achten
– den Tierarzt bei der Behandlung unterstützen
– Nachweise über Impfungen und Abstammung der Tiere führen

C **Wo arbeitet man als Pferdewirt/-in?**
– in Gestüten
– in Reiterhöfen
– in Deckstationen
– in Reitsportvereinen
– in Reitschulen und Rennställen

D **Welcher Schulabschluss wird erwartet?**
– Überwiegend stellen die Betriebe Auszubildende mit mittlerem Abschluss ein. Aber die Ausbildung ist auch mit einem Hauptschulabschluss möglich. In wenigen Fällen werden auch Jugendliche mit großer praktischer Begabung ohne Schulabschluss ausgebildet.

E **Wie lange dauert die Ausbildung und was verdient man?**
– Die Ausbildung dauert drei Jahre.
– Die Ausbildungsvergütung beträgt:
  447 Euro – 532 Euro im 1. Ausbildungsjahr
  483 Euro – 576 Euro im 2. Ausbildungsjahr
  531 Euro – 632 Euro im 3. Ausbildungsjahr

Traumjob „Pferdewirtin"? – Ein Referat vorbereiten (Teil 2)

Mit einer Mind-Map über den Beruf „Pferdewirt/Pferdewirtin" bekommst du einen guten Überblick über das Thema. Die Mind-Map kann dir auch beim Vortrag helfen.

1 Trage die wichtigsten Angaben von Seite 35 über den Beruf „Pferdewirt/Pferdewirtin" passend in die Mind-Map ein.

Tätigkeiten im Beruf

Fähigkeiten der Auszubildenden

Ausbildungsdauer

Pferdewirt/ Pferdewirtin

Schulabschluss

Ausbildungsorte

Ausbildungs- vergütung

Über die Internetseite des Filmportals der Bundesagentur für Arbeit www.berufe.tv findest du in der Rubrik „Filme A–Z" unter „P" einen Film über den Beruf des Pferdewirts. Filme und Fotos können auch im Vortrag eines Referates eingesetzt werden.

2 Schau dir den Lehrfilm über die Ausbildung von Pferdewirten im Internet an.

3 Lies die Informationen im Kasten unten.
Tipp: Du kannst mit dieser Methode und dem Beispiel „Pferdewirt/Pferdewirtin" auch über deinen Wunschberuf Informationen sammeln und vorstellen.

Methode	Referate vorbereiten und halten

Ein Referat informiert knapp und genau über ein Thema. Wichtig sind eine gründliche **Suche** nach Informationen (Recherche), die **Gliederung** der Informationen und die **Vorstellung** (Präsentation).

Die Informationen können in Stichworten übersichtlich in einer **Mind-Map** gegliedert werden. Bei der Vorstellung können Bilder, Folien und Filme gezeigt werden. Bemerkungen über die persönlichen Gründe für die Themenwahl machen das Referat für die Zuhörerinnen und Zuhörer noch interessanter.

Teste dich!

1 **a** Verbinde die Angaben mit den jeweils richtigen Antworten.

   b Kreise den passenden Lösungsbuchstaben ein.

Angabe	Antwort	Buchstabe
Ein anderer Begriff für einen Ordner ist	Portale	M
	Portfolio	F
Die Abkürzung BiZ bedeutet	Berufsinformationszentrum	Ä
	Berufsideenzentrum	L
Informationen über Berufe bieten	Inhaltsverzeichnisse	O
	Internetseiten	H
Werden Menschen zu ihren Berufen gefragt, führt man	Exoteninterviews	S
	Experteninterviews	I
Ein Fachlagerist muss	Waren transportieren	G
	Waren verkaufen	R
Ein Köchin muss besonders achten auf	Hygiene	K
	Gäste	N
Eine Pferdewirtin muss viel	Verantwortung übernehmen.	E
	reden können.	Z
Pferdewirte sollten Interesse haben an	Geschichte	P
	Biologie	I
Pferdewirte sollten auch gut	rechnen können.	T
	schreiben können.	A
Ein anderes Wort für die Suche nach Informationen ist	Reise	W
	Recherche	E
Für ein Referat erstellt man eine	Mind-Map	N
	Rechenübung	B

2 Trage die Buchstaben für das Lösungswort ein:

3 Schreibe die richtigen Sätze vollständig ins Heft.

Angaben für einen Lebenslauf ordnen

Wenn du dich für eine Ausbildung oder einen Arbeitsplatz schriftlich bewirbst, musst du auch einen Lebenslauf dazulegen. Es ist üblich, den Lebenslauf in Tabellenform zu schreiben.

1 Lies die Angaben von Maxim Kirsch für seinen Lebenslauf.

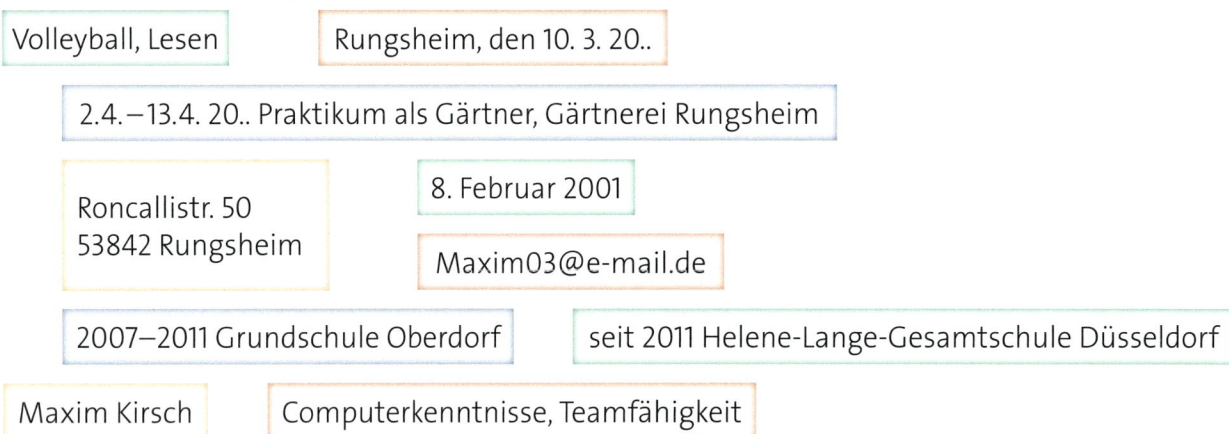

Volleyball, Lesen

Rungsheim, den 10. 3. 20..

2.4. – 13.4. 20.. Praktikum als Gärtner, Gärtnerei Rungsheim

Roncallistr. 50
53842 Rungsheim

8. Februar 2001

Maxim03@e-mail.de

2007–2011 Grundschule Oberdorf

seit 2011 Helene-Lange-Gesamtschule Düsseldorf

Maxim Kirsch

Computerkenntnisse, Teamfähigkeit

2 Schreibe die Angaben an die richtigen Stellen im tabellarischen Lebenslauf von Maxim.

Lebenslauf

Name:	
Anschrift:	
E-Mail-Adresse:	
Geburtsdatum:	
Schulausbildung:	
Praktikumserfahrungen:	
Besondere Kenntnisse und Fähigkeiten:	
Hobbys:	
Ort/Datum/Unterschrift:	

Den eigenen Lebenslauf schreiben

Ein Lebenslauf bietet für die Firmen eine erste Information über die Bewerberinnen und Bewerber für Stellen. Wenn der Lebenslauf klare Angaben und keine Fehler enthält, wird es eher zu einer Einladung zu einem Gespräch kommen. Ein Porträtfoto (Passbild) gehört ebenfalls zum Lebenslauf.

1 Trage deine Angaben in den Lebenslauf ein.
Tipp: Lies im Lebenslauf von Maxim nach, wenn du unsicher bist.

Lebenslauf	Foto
Name:	_____ (dein Name)
Anschrift:	_____ (deine Straße)
	_____ (Postleitzahl und Stadt)
E-Mail-Adresse:	_____ (wenn vorhanden)
Geburtsdatum:	_____ Geburtsdatum)
Schulausbildung:	_____ (deine Grundschule)
	_____ (die heutige Schule)
Praktikumserfahrungen:	_____ (Zeit und Ort des Praktikums)
Besondere Kenntnisse und Fähigkeiten:	_____ (z. B. Computerkenntnisse, Sprachen, Interessen)
Hobbys:	_____ (deine Hobbys)
Ort/Datum:	_____ (Ort, aktuelles Datum)
Unterschrift:	_____ (deine Unterschrift)

2 Schreibe deinen Lebenslauf am PC ohne die Hilfen unter den Zeilen. Drucke ihn aus.
Tipp: Du kannst den Lebenslauf für deine Bewerbungen nutzen.

Bestandteile eines Bewerbungsschreibens zuordnen

Mehmet hat ein Bewerbungsschreiben für eine Ausbildung zum Verkäufer verfasst.
Ein Bewerbungsschreiben hat verschiedene festgelegte Bestandteile.

1 Lies die Begriffe für die Bestandteile eines Bewerbungsschreibens.
Die Liste der Bestandteile ist nicht in der richtigen Reihenfolge.

> **Betreff** (Worum geht es?) · **Anlagen** (werden dem Brief beigefügt)·
> **Haupttext mit Begründung** (folgt nach der Begrüßung) ·
> **Anrede** (in Geschäftsbriefen übliche höfliche Form) ·
> **Name und Adresse (des Absenders)** · **Schlussformel** (übliche Gruß- und Schlussformel) ·
> **Name und Adresse des Betriebs** (Anschrift des Betriebs) ·
> **Telefonnummer und E-Mail-Adresse** · **Unterschrift** (mit der Hand)

2 Schreibe die hervorgehobenen Bestandteile aus Aufgabe 1 passend in das Bewerbungsschreiben
von Mehmet.

Mehmet Lykzimir
Feldstraße 6
22222 Hamburg
Rufnummer: (02 22) 66 66
E-Mail: Mehmetlyk@maili.de

Hamburg, den 20.4.20..
(Ort und Datum)

_____

_____

_____

Ruwe-Supermarkt
An der Piwipp
22222 Hamburg

_____

Bewerbung um eine Ausbildungsstelle zum Verkäufer

_____

Sehr geehrte Damen und Herren,

_____

von einer Mitschülerin habe ich erfahren,
dass Sie in Ihrem Geschäft eine Ausbildungsstelle anbieten.
Ich bin zurzeit noch in der 9. Klasse der Gesamtschule
Am Hügel. Meine Schulpflicht endet im Sommer und
ich hoffe, ich erreiche den Hauptschulabschluss.
Ich interessiere mich für den Beruf Verkäufer, weil ich
gern mit Menschen umgehe. Auch interessiere ich mich
für den Verkauf und die Lagerung von Lebensmitteln.
Im Fach Mathematik habe ich befriedigende Noten.

_____

Über eine Einladung zu einem Vorstellungsgespräch
würde ich mich sehr freuen.

Mit freundlichem Gruß
Mehmet Lykzimir

_____

Lebenslauf und Halbjahreszeugnis Klasse 9

_____

Ein eigenes Bewerbungsschreiben verfassen

Du hast bestimmt schon einmal überlegt, in welchem Betrieb du dich für eine Ausbildung
bewerben könntest.

1 Trage deine Angaben in das Bewerbungsschreiben ein.
Tipp: Wenn du unsicher bist, lies noch einmal das Bewerbungsschreiben von Mehmet.

_____   _____
(dein Name)   (Ort und Datum)

_____
(deine Straße)

_____
(Postleitzahl und Stadt)

_____
(deine Telefonnummer oder E-Mail-Adresse – wenn vorhanden)

_____
(Betreff, z. B. „Bewerbung um ...")

_____
(übliche höfliche Anrede in Geschäftsbriefen)

_____
(Haupttext: Grund für deine Bewerbung, z. B. Zeitungsanzeige, großes Interesse an dem Betrieb, ...)

_____

_____
(deine Schulsituation und deine Aussichten für den Schulabschluss)

_____

_____
(deine Fähigkeiten und Interessen für den Beruf)

_____

_____
(höfliche Bitte um Einladung oder Antwort auf das Schreiben)

_____
(Schlussformel)

_____
(deine Unterschrift)

_____
(Angabe der beigefügten Anlagen)

2 Schreibe deine Bewerbung am PC ohne die Hilfen unter den Zeilen.
Tipp: Du kannst das Bewerbungsschreiben für deine Bewerbungen nutzen.

Ein Bewerbungsgespräch untersuchen

Du weißt bestimmt, wie wichtig die Kleidung, die Sitzhaltung und das Auftreten bei einem Bewerbungsgespräch sind. Aber genauso wichtig ist es, dass man mögliche Fragen zur Ausbildung und zum Betrieb bei diesem Gespräch richtig stellt.

1 Lies die Fragen der Schülerin bei einem Vorstellungsgespräch in einem Frisörsalon.

- Brauche ich eine bestimmte Arbeitskleidung im Salon?
- Wie oft kann ich eine Zigarettenpause machen?
- Kann ich Sie fragen, wenn ich etwas nicht verstanden habe?
- Darf ich mit den Kundinnen und Kunden Gespräche führen?
- Wie viel Urlaub bekomme ich während des 1. Ausbildungsjahrs?
- Kann ich morgens etwas später anfangen?
- Darf ich meinen Freundinnen im Laden die Haare umsonst föhnen?
- Kann ich einen Vorschuss auf meinen Lohn bekommen?
- Gibt es Vorschriften, wie ich meine Haare im Laden tragen soll?

2 Streiche die Fragen durch, die du für ein Vorstellungsgespräch nicht sinnvoll findest.

3 Was würdest du auf die folgenden Fragen der Chefin eines Geschäfts antworten? Kreuze an. Formuliere auch eine eigene Antwort.

Warum haben Sie den Schulabschluss nicht erreicht?

☐ Das lag nur an den Lehrern, die konnten mich nicht leiden.

☐ Ich habe leider erst sehr spät verstanden, wie wichtig das Lernen ist.

☐ Mir fällt das Lernen schwer, aber dumm bin ich nicht.

Deine Antwort: _____

_____

Warum haben Sie sich gerade bei uns beworben?

☐ Weil alle anderen Betriebe abgesagt haben.

☐ Weil das Geschäft so nah an unserer Wohnung ist.

☐ Weil ich von anderen Auszubildenden viel Gutes über Ihr Geschäft gehört habe.

Deine Antwort: _____

_____

_____

Ein Bewerbungsgespräch vorbereiten

Bei einem Bewerbungsgespräch werden oft dieselben oder ähnliche Fragen gestellt.
Man kann sich auf diese Gespräche mit Übungen und Rollenspielen gut vorbereiten.

1   **a**   Lies die Fragen eines Bewerbungsgesprächs.

     b   Kreuze die Antworten an, die am besten zu dir passen.

Frage: **Was gefällt Ihnen an dem Beruf am besten?**

☐   Ich finde gut, dass ich viel Umgang mit Menschen habe und mich viel bewegen kann.

☐   Mir gefällt, dass ich mit Maschinen zu tun habe und auch manchmal allein arbeiten kann.

Frage: **Welche Fähigkeiten für den Beruf bringen Sie mit?**

☐   Ich interessiere mich für Technik und kann gut mit dem Computer umgehen.

☐   Ich bin geschickt bei handwerklichen Arbeiten und interessiere mich für Mode.

Frage: **Welche Vorteile bietet der Beruf nach Ihrer Meinung?**

☐   Ich denke, die Arbeitsabläufe im Betrieb sind klar und ich weiß, was ich zu tun habe.

☐   Ich meine, es gibt viel Abwechslung in den Arbeitsabläufen und man kann viel lernen.

Frage: **Können Sie mir sagen, was Ihre Stärken und Schwächen sind?**

☐   Ich kann gut nach Anweisungen arbeiten und habe Ausdauer bei der Arbeit.

☐   Nicht so gut bin ich in Mathematik, z. B. bei Textaufgaben und großen Zahlen.

☐   Ich bin aufgeschlossen für alles Neue und möchte das auch ausprobieren.

☐   Schwierigkeiten habe ich in Deutsch, z. B. bei langen Texten und beim Schreiben.

Frage: **Haben Sie Hobbys?**

☐   Mein größtes Hobby ist Sport. Außerdem gehe ich gern ins Kino und höre viel Musik.

☐   Ich bin viel mit Freunden zusammen. Und ich lese gern Bücher und Zeitschriften.

2   Notiere Stichworte für eigene Antworten zu den folgenden Fragen.

Was gefällt dir an deinem gewählten Beruf? _____

_____

Welche Fähigkeiten hast du für den Beruf? _____

_____

Welche besonderen Stärken hast du? _____

Welche Hobbys hast du? _____

3   Übt Bewerbungsgespräche mit wechselnden Rollen in Partnerarbeit.

4 Den richtigen Ton finden

Begriffe der Jugendsprache ordnen

Die Jugendsprache unterscheidet sich von der Standardsprache (Hochsprache) durch
bestimmte Wörter, kurze Sätze und den Satzbau. Jugendliche sprechen Jugendsprache
vor allem mit ihren gleichaltrigen Freundinnen und Freunden.

1 Weißt du, was diese Wörter in der Jugendsprache bedeuten?
Schreibe die Bedeutung der Begriffe in der Standardsprache auf.

> Ereignis · ganz toll · klar, logisch ·
> entspannen, ausruhen · viel Spaß

chillen – _____

megafett – _____

logo – _____

echt Bock – _____

Event – _____

2 a Lest auch die folgenden Begriffe aus der Jugendsprache.

 b Sprecht in Partnerarbeit über die mögliche Bedeutung der Begriffe.

> voll fett · kp · Mumienhopse · geflasht · anwanzen ·
> Graspflücker · drölf · hdl · echt krass · ruled

3 Ordnet die Wörter aus der Jugendsprache in Partnerarbeit in die Tabelle mit den Merkmalen
der Jugendsprache ein.

Übernahme englischer Begriffe (Anglizismen)	bildhafte Ausdrücke	Abkürzungen
_____	Mumienhopse	_____
_____	_____	_____

Übertreibungen	Erfindung neuer Wörter
_____	anwanzen
_____	_____

Ein Quiz zur Jugendsprache durchführen

Nicht nur Erwachsene verstehen oft die Begriffe der Jugendsprache nicht. Auch Jugendliche verstehen nicht alles, da sich die Jugendsprache ständig verändert und regional unterschiedlich ist.

1 Kreise den Buchstaben ein, der deiner Meinung nach vor der richtigen Übersetzung des Begriffs aus der Jugendsprache steht.

abkeimen	L weggehen	J sich ausruhen	W essen
Alugurke	U Fahrrad	T Metallstuhl	I Computer
anwanzen	O jemanden anschwärzen	K jemanden ärgern	G jemanden belauschen
Babo	T bester Freund	E Boss/Anführer	Z Feind
Bauern-Metal	N Volksmusik	B Fest im Dorf	V Bauernkleidung
drölf	C langweilig	X zwölf	D unbekannte Zahl
geflasht	A uninteressiert	S beeindruckt	F neugierig
Googlefisch	P jemand, der nur im Internet ist	F jemand, der still ist	O jemand, der schnell ist
Graspflücker	L Gärtner	Ü Polizist	R Vegetarier (kein Fleischesser)
Mumienhopse	Q Altenheim	A Ü-30-Party	V Lehrerkollegium
ruled	C besonders gelungen	F schrecklich	A veränderlich
write a book	N du bist toll	H quatsch mich nicht voll	I du bist schrecklich
Zeichensturm	O Ärger	Z schlechtes Wetter	E Buch
echt krass	I langweilig	N wahnsinnig	F traurig

2 Trage die Buchstaben für das Lösungswort ein.

Satzanfänge zu einem Text über Jugendsprache ergänzen

1 Lies den gekürzten Zeitungsartikel von Astrid Herbold.

Wenn man Jugendlichen zuhört, würde man ihnen am liebsten Nachhilfe in Redekunst verordnen.

Da wimmelt es nur so von „Ey, Alter, „ich schwör, voll krass". Sie schmeißen mit Begriffen wie

„Hammer, Mega, kp (kein Plan)" um sich und man fragt sich, was da passiert ist. Jugendliche

haben ihre eigene Sprache, die Erwachsene häufig nicht verstehen. Und das soll auch so sein,

5 Wissenschaftler loben die Kreativität der Jugendlichen im Sprachverhalten.

Schon im 19. Jahrhundert bildete sich in den Kreisen der damaligen

Studenten eine eigene Jugendsprache heraus. So wurde der damals

noch übliche Nachttopf unterm Bett zum „Schiff". Später in den 1950er

Jahren erfanden die so genannten „Halbstarken" neue Begriffe. Da hieß

10 es dann „Knutschkugel" (kleines Auto) und „einen Zahn anbohren"

(ein Mädchen ansprechen). In den 1980er Jahren gab es z. B. Begriffe

wie „alles paletti" (alles gut). Wenn es nicht gut lief in der Schule,

war man „finster drauf".

Jugendsprache war und ist bis heute nie einheitlich. Es gibt in den Regionen unterschiedliche

15 Moden. Außerdem verändert sich die Jugendsprache ständig. Was heute in einer Clique als cool

gilt, kann morgen schon als völlig veraltet abgestempelt werden. Die Gruppenzugehörigkeit ist –

wie früher – das wichtigste Motiv der Jugendsprache. Jugendliche wollen Teil einer Gemeinschaft

sein und dieselbe Sprache sprechen wie ihre Freunde. Die Zustimmung im eigenen Freundeskreis

hat im Jugendalter eine besonders große Bedeutung.

2 Ergänze die Sätze über den Inhalt des Textes.

Wissenschaftler loben _____

Schon im 19. Jahrhundert bildete _____

Später in den 1950er Jahren _____

In den 1980er Jahren gab es z. B. Begriffe wie _____

Jugendsprache war und ist bis heute _____

Außerdem verändert sich _____

Die Gruppenzugehörigkeit ist _____

Die Zustimmung im eigenen Freundeskreis _____

_____

Kiezdeutsch übersetzen

1 Lies die Zusammenfassung des Interviews „Ich bin Alexanderplatz".

In einem Interview bezeichnet Heike Wiese Kiezdeutsch als eine Form der Jugendsprache. Kiezdeutsch sprechen vor allem Jugendliche von etwa zwölf bis zwanzig Jahren. Frau Wiese ist der Ansicht, Kiezdeutsch sollte als Dialekt zum Hochdeutschen hinzukommen. Dadurch würde die Sprache bunter. Die Interviewerin ist erstaunt. Sie meint, dass Kiezdeutsch doch meistens
5 als gewöhnlich und falsch bezeichnet wird. Frau Wiese sieht den Grund für die Ablehnung von Kiezdeutsch darin, dass es von vielen mehrsprachigen Jugendlichen mit Migrationshintergrund gesprochen wird. Deshalb wird Kiezdeutsch mit Sprachproblemen verbunden und nicht mit Spracherneuerung.

2 Was denkt ihr über Kiezdeutsch? Sprecht darüber in Partnerarbeit.

3 **a** Kreuze an, welche Übersetzung der folgenden Sätze in Standarddeutsch du passend findest. **Tipp:** Es können mehrere Übersetzungen richtig sein.

b Schreibe eigene Übersetzungen für die Kiezdeutschsätze.

„Guckst du – bin isch Kino?"

- [ ] Ich will nicht, dass du mich so anstarrst.
- [ ] Guck woanders hin, hier gibt's nichts Spannendes zu sehen.
- [ ] Was guckst du so? Denkst du, ich bin ein Filmstar?

Deine Übersetzung: _____

„Ich war Fußball."

- [ ] Ich habe Fußball gespielt.
- [ ] Ich war mal ein guter Fußballspieler.
- [ ] Ich habe mir ein Fußballspiel im Stadion angeguckt.

Deine Übersetzung: _____

„Gehst du Bus?"

- [ ] Fährst du mit dem Bus?
- [ ] Kannst du schlecht laufen?
- [ ] Holst du jemanden vom Bus ab?

Deine Übersetzung: _____

„Mein Körper drinne tanzt voll, lan."

- [ ] Ich bin der beste Tänzer.
- [ ] Ich tanze nur in meinen Gedanken.

Deine Übersetzung: _____

Mofafahrer oder Mofa-Fahrende? – Begriffe verbinden

1 Lies den gekürzten Text über die geschlechtsneutrale Sprache.

Schon seit längerer Zeit gibt es die Entwicklung, Sprache so zu verändern, dass nicht nur
das männliche Geschlecht bevorzugt wird. So heißt es z. B. nicht mehr nur „die Schüler",
sondern „die Schülerinnen und Schüler" oder „die Lernenden".

In einer Verordnung für den Straßenverkehr in Deutschland wurde 2013 festgelegt, dass z. B.

5 „Fußgänger" in „wer zu Fuß geht" verändert werden soll. Und die „Fußgängerzone" wird zur
neutralen „Flaniermeile". Auch in anderen Bereichen soll die Sprache geschlechtsneutral oder
geschlechtergerecht werden. Aus der „Mannschaft", die natürlich nicht immer nur aus
Männern besteht, wird das „Team".

Allerdings gibt es für diese Entwicklung auch Grenzen. Nicht alle Begriffe können korrekt

10 geschlechtergerecht verändert werden, z. B. das Pronomen „man". Soll man jetzt stattdessen
„frau" oder „Mensch" sagen? Durch die Verdoppelungen, wie „Antragstellerinnen und
Antragsteller", werden Texte außerdem umständlicher und schlechter lesbar.

2 Verbinde die Begriffe in den linken Kästen mit den neuen, geschlechtsneutralen Begriffen.

A Radfahrer
B jedermann
C Lehrer
D Fußgängerzone
E herrlich
F Mofafahrer

1 hervorragend, wunderbar
2 Mofa-Fahrende
3 wer ein Fahrrad führt
4 alle
5 Lehrkräfte
6 Flaniermeile

Für viele Begriffe gibt es keine naheliegende geschlechtsneutrale Alternative.

3 Suche für die folgenden Begriffe eigene kreative
geschlechtsneutrale Begriffe.

Glücksfee – _____

Schutzengel – _____

Badenixe – _____

Dialektsprache untersuchen

1 Lies die Asterix-Texte im Deutschbuch S. 75.

2 Lies die übersetzten Sätze aus den verschiedenen Dialekttexten
von Asterix.
Die Sätze sind durcheinandergeraten.

Satz 1:	Wir sind in den fünfziger Jahren vor Jesus Christus.
Satz 2:	Julius Cäsar, der Tyrann, will das kleine gallische Dorf, das wir alle so gut kennen, endgültig vernichten.
Satz 3:	Mit Hilfe des Architekten Quadratus soll in der Nähe des römischen Lagers Laudanum eine prächtige Siedlung entstehen.
Satz 4:	Wir wollen nicht übertreiben.
Satz 5:	Es gibt ein Dorf, das dem römischen Aggressor Widerstand leistet, einen so starken Widerstand, dass die römischen Legionäre die Lust am Kämpfen verloren haben.
Satz 6:	Eine unbeugsame Kolonie von gerissenen Galliern stellt sich quer im Römerlager.

3 Ordne die Sätze aus der Aufgabe 2 den Überschriften in der Tabelle zu. Notiere die Nummern.

Asterix babbelt hessisch	Asterix auf Ruhrdeutsch	Asterix balinat (berlinert)

4 **a** Entscheide dich für einen Dialekttext von Asterix.

b Schreibe die Übersetzung in die Standardsprache.

_____

_____

_____

_____

_____

_____

_____

_____

Dialekte bewerten

1 Lies die Redebeiträge aus einer Diskussion über Dialekte.

Neulich kam ich abends in Hamburg an und wurde mit „Moin, Moin" (Morgen, Morgen) begrüßt. Ich musste erst nachfragen, was das bedeutet. Ich finde, Dialekte gehören nicht mehr in unsere Zeit. So haben z. B. die Kinder, die Dialekt sprechen, bestimmt Probleme, die Standardsprache in der Schule zu verstehen.

Das sehe ich anders. Ich bin in einem Dorf in Bayern aufgewachsen und wir sprachen alle nur Dialekt. Das gab ein großes Zusammengehörigkeitsgefühl und wir fühlten uns als große Gemeinschaft. Noch heute bin ich glücklich, wenn ich im Dorf bin und mich mit den alten Bekannten im Dialekt unterhalte. Standarddeutsch habe ich übrigens ohne Schwierigkeiten in der Schule gelernt.

Durch den Kindergarten und die Medien, z. B. das Fernsehen, lernen Kinder die Standardsprache heute überall noch vor der Schule. Wenn sie dann in ihrem Umfeld Dialekt sprechen, wachsen sie zweisprachig auf. Dialekte sind weiterhin aktuell und sollten gefördert werden.

2 Kreuze an, welche Meinung du zu dem Thema hast.

- [ ] Dialekte gehören nicht mehr in unsere Zeit.
- [ ] Kinder haben Probleme in der Schule, wenn sie Dialekt sprechen.
- [ ] Dialekte stärkten das Gemeinschaftsgefühl der Menschen.
- [ ] Standarddeutsch kann man auch noch in der Schule lernen.
- [ ] Durch die Medien lernen Kinder die Standardsprache gleichzeitig mit dem Dialekt.
- [ ] Dialekte sind weiterhin aktuell und sollten gefördert werden.

Information **Der Dialekt (Die Mundart)**

- **Dialekte** sind an eine **bestimmte geografische Region** gebunden. Von der **Standardsprache** (Hochsprache) sind sie vor allem **in den Lauten,** aber zum Teil auch **in den Begriffen verschieden.**

- Man unterteilt die Dialekte grob in das **Niederdeutsche** (Dialekte in Norddeutschland, auch „Plattdeutsch" genannt), das **Mitteldeutsche** (Dialekte in Mitteldeutschland) und das **Oberdeutsche** (Dialekte in Süddeutschland).

Teste dich!

1 Kreise die Buchstaben vor den richtigen Aussagen ein.

K	Ein Merkmal der Jugendsprache sind Übertreibungen.
O	Jugendsprache gibt es erst seit ein paar Jahren.
I	Jugendsprache gibt es schon seit dem 19. Jahrhundert.
E	Im Kiezdeutsch werden Sätze verkürzt.
R	Geschlechtsneutral formulieren bedeutet, es sind nur Frauen gemeint.
Z	Geschlechtsneutral formulieren bedeutet, es sind Frauen und Männer gemeint.
N	Dialekte werden nur von älteren Menschen gesprochen.
E	Dialekte stärken das Zusammengehörigkeitsgefühl von Menschen.

2 Notiere das Lösungswort. ☐ ☐ ☐ ☐ ☐

3 Verbinde die Begriffe der Jugendsprache aus dem Brief von Jens im Deutschbuch S. 77 passend mit den Begriffen der Standardsprache.

coole Typen	Ärger/Streit
Kids	Langweiler
geiler Job	richtig verstehen
mega Event	gute Leute/gute Betreuer
Fun	auffallend, wichtig, toll
Schnarchnase	reden/sprechen
tough	Spaß/Freude
Stunk	Kinder und Jugendliche
peilen	widerstandsfähig, gelassen
labern	interessante Aufgabe oder Arbeit
echt krass	tolle Veranstaltung

4 Schreibe den Brief von Jens mit den Begriffen der Standardsprache in dein Heft.

Die Bedeutung des Begriffs „Heimat" klären

1 Lies die erste Strophe des Gedichts „Daheim" von Franz Hohler.

Daheim bin ich, wenn ich die richtige Höhe greife,
um auf den Lichtschalter zu drücken.

Daheim bin ich,
wenn meine Füße die Anzahl der Treppenstufen von selbst kennen.

Daheim bin ich, wenn ich mich über den Hund des Nachbarn ärgere,
der bellt, wenn ich meinen eigenen Garten betrete.

2 Ergänze die Sätze mit eigenen Ideen.

Daheim bin ich, wenn _____

Daheim bin ich, wenn _____

Daheim bin ich, wenn _____

3 Lies die Aussagen verschiedener Menschen zum Begriff „Heimat".

A   Meine Heimat ist da, wo ich heute mit meiner Familie wohne.

B   Meine Heimat ist und bleibt für mich das Land, in dem ich geboren bin.

C   Heimat ist für mich kein Land und kein Ort. Heimat ist da, wo ich mich wohlfühle.

D   Für mich ist Heimat da, wo ich viele Freunde habe.

E   Meine wirkliche Heimat ist mein Fußballclub, da habe ich viel Erfolg.

F   Heimat ist für mich der Ort, wo ich mich am besten auskenne und daheim fühle.

4 Was bedeutet „Heimat" für dich?
Notiere deine Ideen in dem Cluster.

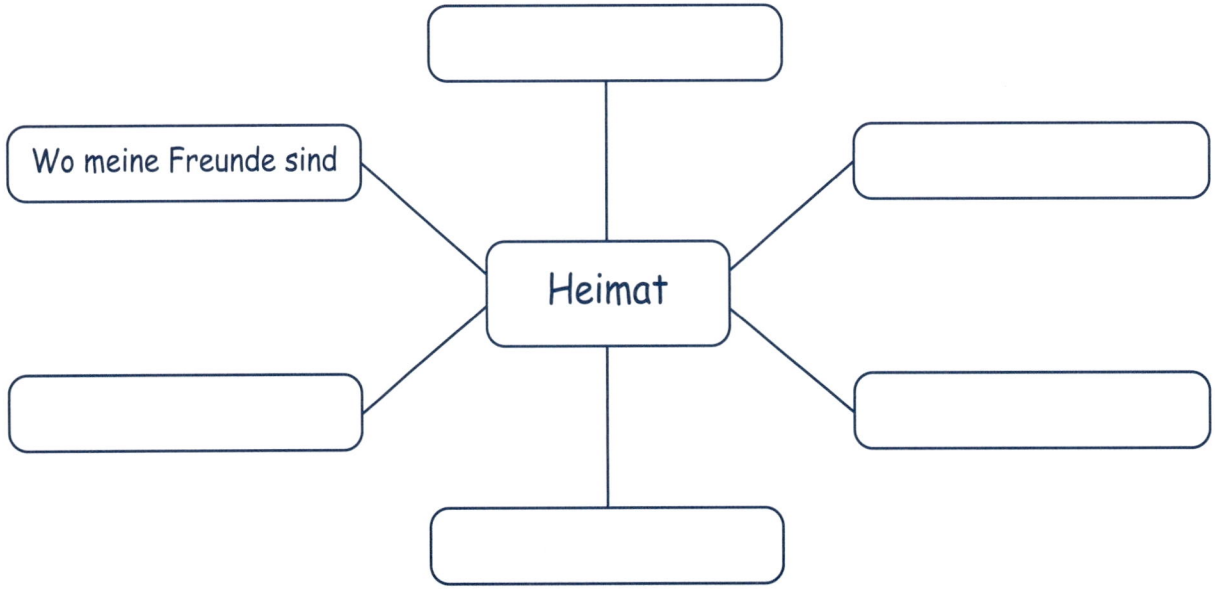

Was ist ein Heimatdialekt? Sätze verbinden

> Wa wolln nicht übatreibn!

1 Lies die Satzgefüge in den beiden Feldern A und B.

A		B	
	Ein Heimatdialekt ist ein Dialekt, …		der in einer bestimmten geografischen Region gesprochen wird.
	Das Heimatland ist das Land, …		an den ein Schiff immer zurückfährt.
	Eine Wahlheimat ist die Heimat, …		das früher in der Schule unterrichtet wurde.
	Ein Heimatdichter ist ein Dichter, …		die ihre Heimat verloren haben.
	Heimatkunde ist ein Fach, …		in dem man geboren ist.
	Heimatlos sind Menschen, …		die man sich selbst ausgesucht hat.
	Ein Heimathafen ist der Platz, …		der Texte über die Heimat schreibt.

2 Lies das Satzgefüge aus zueinander passendem Hauptsatz und Nebensatz.

Heimatlos sind Menschen, die ihre Heimat verloren haben.

3 Verbinde die Hauptsätze und die Nebensätze in den Kästen passend.
Tipp: Achte auf die Kommasetzung in den Satzgefügen.

Ein Heimatdialekt ist ein Dialekt,

Einen Text über Andrea Petkovic erkunden

1 Lies den gekürzten Text über Andrea Petkovic.

Andrea Petkovic: „Es ist wichtig, verortet zu sein"

Die erfolgreiche Tennisspielerin **Andrea Petkovic (26 Jahre)** muss zu ihren Spielen oft weit reisen.
So war sie in diesem Jahr bereits in **Australien,** in der **Slowakei,** in **Dubai** und in den **USA.**
Heimisch fühlt sie sich aber in Südhessen, wo sie vor Kurzem in ein Eigenheim gezogen ist.
Andrea Petkovic erklärt in einem Beitrag: „Wenn man knapp 40 Wochen im Jahr um den Globus
5 reist, hat der Begriff Heimat eine besondere Bedeutung. Meine **Sehnsucht** nach einem Ort,
an dem ich **nicht in Hotels wohne** und nur aus **dem Koffer lebe,** ist stark. Deshalb ist Eberstadt
in Hessen jetzt der Ort, an dem ich eine neue Heimat gefunden habe. **Denn dort** kann ich mich
in Ruhe niederlassen und mich **wohlfühlen.** Schwierig ist das Thema Heimat für mich, weil
ich eigentlich zwei habe. Ich bin **in Serbien** geboren, habe meine **Wurzeln dort** und werde mich
10 dem Land immer verbunden fühlen. Deshalb wird es auch immer eine Heimat für mich sein.
Und wenn man den Begriff Heimat allgemein betrachtet, gibt es für mich noch eine dritte
Heimat, **den Tennisplatz."**

2 Trage die passenden Angaben in Stichworten ein.

Name der Tennisspielerin: _____

Alter: _____

Reiseziele in diesem Jahr: _____

_____

Sehnsucht der Tennisspielerin: _____

_____

_____

Jetziger Wohnort von Andrea Petkovic: _____

Gründe für die Wahlheimat Hessen: _____

_____

Zweite Heimat von Andrea Petkovic: _____

Gründe für das Heimatgefühl zu Serbien: _____

Dritte Heimat der Tennisspielerin: _____

3 Sprecht in Partnerarbeit darüber, ob ihr auch mehrere Heimaten habt.

Direkte Rede in indirekter Rede schreiben

1 Lies den gekürzten Text über Lukas Podolski.

Lukas Podolski (Poldi) ist ein bekannter und erfolgreicher Fußballspieler. Als Kind polnischer Einwanderer spielte er viele Jahre in Deutschland Fußball. Bei der Europameisterschaft in Österreich 2008 hatte er sich entschieden, in der Nationalmannschaft von Deutschland zu spielen. Es kam zu einem Spiel Deutschland gegen Polen. Und gerade Poldi schoss das entscheidende Tor zum Sieg der deutschen Mannschaft. Das bedeutete, es kam zum Sieg seines Heimatlandes gegen sein Geburtsland. Nach dem Spiel zeigte sich bei ihm, wie Freude und Leid eins sein können.

2 Was könnte Lukas Podolski gesagt haben, nachdem er das Tor geschossen hat?
Lies die Sätze in den Sprechblasen.

Ich habe aus Respekt nicht gejubelt.

Ich wünschte, ein anderer hätte das Tor geschossen.

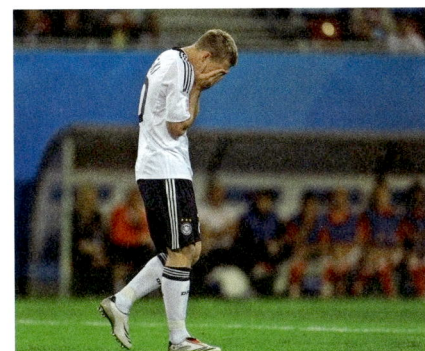

Es tut mir leid, dass mein Geburtsland Polen wegen mir verloren hat.

Deutschland ist heute meine Heimat, aber dieser Sieg ist schwer zu ertragen.

3 Ändere die direkten Redesätze von Lukas Podolski in indirekte Rede.

„Ich habe aus Respekt nicht gejubelt."

Er sagte, er _____

„Ich wünschte, ein anderer hätte das Tor geschossen."

Er sagte, dass _____

„Es tut mir leid, dass mein Geburtsland wegen mir verloren hat."

Er meinte, es _____

_____

„Deutschland ist heute meine Heimat, aber dieser Sieg ist schwer zu ertragen".

Er äußerte, Deutschland sei _____

_____

Englische Fremdwörter (Anglizismen) verstehen

1 Lies den Text über die Länder-Liga.

Europäische Länder-Liga kommt

2018 startet die europäische Länder-Liga.
Die 54 **Mannschaften** werden in vier
Abteilungen eingeteilt. Es gibt
eine **Spitzen-Abteilung** (A) und drei
₅ weitere niedrigere Abteilungen (B bis D).

Innerhalb der Abteilungen werden Untergruppen mit je drei oder vier Mannschaften gebildet.
Die deutsche Mannschaft hat wohl die **Möglichkeit**, in einer Gruppe der Spitzenabteilung (A) mit
Ländern wie Spanien, Italien und England zu spielen. Die Gruppensieger der unteren Abteilungen
(B bis D) spielen um den Aufstieg in die nächsthöhere Abteilung.
₁₀ Die jeweils Gruppenletzten der Abteilungen steigen ab.
Die Gruppensieger der Spitzen-Abteilung ermitteln dann in einem **letzten Wettkampf**
den **ersten Sieger**. Außerdem wird in einer **Rangfolgenliste** auch erstmals die **Mannschaft**
bewertet, **die am anständigsten** gespielt hat. Einen **Pokal** erhalten der **Torschützenkönig**
im Wettkampf und der beste **Torhüter**.

2 Kreuze die richtige Aussage über den Text an.

☐ Im Text werden viele Fremdwörter verwendet.

☐ Im Text werden keine Fremdwörter verwendet.

3 Lies jetzt den Text über die Nations League im Deutschbuch S. 84.

4 Schreibe neben die Fremdwörter die passenden deutschen Begriffe.
Tipp: Die deutschen Begriffe sind im Text von Aufgabe 1 hervorgehoben.

Nations League _____   Divisionen _____

Teams _____   Topdivision _____

Finalturnier _____   Keeper _____

Trophäe _____   Chance _____

Champion _____   Topscorer _____

Ranking _____   Fair-play-Team _____

_____

„Pseudoenglisch" und korrektes Englisch unterscheiden

In unserer Sprache werden viele englische Wörter benutzt, die man in englischsprachigen Ländern gar nicht kennt oder die dort eine ganz andere Bedeutung haben. Diese Wörter nennt man pseudoenglisch oder scheinenglisch.

1 Lies die Wörter in Pseudoenglisch und kreise den Buchstaben für die richtige deutsche Bedeutung ein.

Oldtimer	**E** Motorrad	**R** historisches Auto	**N** alte Zeiten
checken	**G** sammeln	**L** schneiden	**I** verstehen
Handy	**D** Handtasche	**C** Mobiltelefon	**U** Händchenhalten
Tramper	**W** Autofahrer	**H** Anhalter	**K** Hunderasse
Dressman	**T** männliches Model	**B** Anzug	**R** Kleiderständer
Basecap	**V** Ballsportart	**Z** Zeltlager	**I** Schirmmütze
kicken	**G** Fußball spielen	**M** wegwerfen	**T** gucken

2 Trage die Buchstaben für das Lösungswort ein.

3 Schreibe die deutsche Bedeutung in die zweite Spalte der Tabelle.

Pseudoenglisch	deutsche Bedeutung	korrektes Englisch
Oldtimer	historisches Auto	classic car
checken		
Handy		
Tramper		
Dressman		
Basecap		
kicken		

4 **a** Wie heißen die deutschen Begriffe in korrektem Englisch? Finde die Übersetzung im Wörterbuch oder im Internet.

   b Schreibe die englischen Wörter in die dritte Spalte der Tabelle.

5 „Meine deutschen Wörter haben keine Kindheit"

Einen Redetext erschließen

Die Autorin **Emine Sevgi Özdamar** hat 2004 den Kleist-Preis verliehen bekommen. Der Kleist-Preis ist eine wichtige Auszeichnung für Autoren. Zu diesem Anlass hielt Frau Özdamar eine Rede.

1 Lies die gekürzte Fassung vom ersten Auszug aus der Rede.

In den sechziger Jahren kam ich als junges Mädchen aus der Türkei nach Berlin. Ich blieb anderthalb Jahre in Deutschland und lernte Deutsch. Alle Ausländer hatten damals nur Arbeitsverträge für eine kurze Zeit. Danach wollten fast alle wieder in ihre Heimat zurückkehren. Die Ausländer waren für sich selbst wie Vögel, die sich auf ihrer Reise kurz auf die Berliner Bäume
5 gesetzt hatten. Da sie weiterfliegen wollten, schauten sie sich Berlin von oben an und verstanden die Sprache der Menschen nicht. Auch die Menschen unter ihnen verstanden ihre Vogelsprache nicht. Die Vögel trafen sich am Bahnhof Zoo, ihrem Ankunfts-und Abfahrtsort. Griechische, italienische, spanische, jugoslawische und türkische Männer liefen durch die Berliner Straßen. Sie sprachen laut ihre Sprache. Es sah aus, als ob sie hinter ihren Wörtern herliefen.
10 Für die anderen Menschen, die ihre Sprache nicht verstanden, sah das merkwürdig aus.
So als würden die Menschen mit ihren Eseln und Truthähnen durch ein anderes Land gehen.

2 Kreise die Buchstaben vor den passenden Aussagen zum Sprachbild (Metapher) im Text ein.

Die „Vogel-Metapher" zeigt,	
L	wie fremd sich die Ausländer damals in Deutschland gefühlt haben.
M	dass die Ausländer keine Lust hatten, sich mit den Deutschen anzufreunden.
A	dass sich die Menschen wie Zugvögel auf der Durchreise gefühlt haben.
Z	dass manche Menschen nicht zusammenpassen.
N	dass Sprache für die Menschen eine Heimat ist.
D	wie wichtig eine gemeinsame Sprache für das Zusammenleben ist.

3 Notiere die Buchstaben für das Lösungswort.　　　☐ ☐ ☐ ☐

Zwischenüberschriften zu einem Zeitungsbericht schreiben

1 Lies den gekürzten Text von Hanne Crolly.

Hanne Crolly

Die ersten Gastarbeiter (2011)

Die schnell wachsende Wirtschaft in Deutschland nach dem 2. Weltkrieg führte dazu, dass im Land Arbeitskräfte fehlten. Um die Wirtschaft weiter in Gang zu halten, brauchte man mehr Menschen für die viele Arbeit. Deshalb wurden Gastarbeiter aus anderen Ländern angeworben.

5 Die ersten Gastarbeiter kamen 1955 aus Italien. Ab 1960 verließen Griechen und Spanier ihre Heimatländer, um in Deutschland zu arbeiten. Seit 1961 kam durch einen Vertrag eine große Zahl türkischer Arbeitnehmer nach Deutschland. Bis Ende der 1960er Jahre wurden auch Menschen aus Marokko, Portugal, Tunesien und Jugoslawien als Gastarbeiter angeworben.

10 Der Vertrag der BRD mit der Türkei (1961) führte zum Beginn der türkischen Einwanderung. Da die Arbeitgeber nicht immer neue Arbeitskräfte ausbilden wollten, verlängerten sie die Arbeitsverträge der Gastarbeiter. Auch deshalb kehrten viele Türken nicht in ihre Heimat zurück. Sie holten ihre Familien nach. Deutschland wurde ihre zweite Heimat.

15 Von 1961 bis zum Anwerbestopp 1973, als die Ölkrise ausbrach, kamen 860 000 türkische Zuwanderer in die BRD. Die meisten Bewerber kamen aus dem östlichen Anatolien. Sie hatten dort als Landbewohner wenige Möglichkeiten für Bildung und Arbeit.

Heute leben knapp 2,5 Millionen Menschen mit türkischem Migrationshintergrund
20 in Deutschland. Sie sind die größte Migrationsgruppe. Danach folgen die Menschen aus Italien. 987 000 Personen sind als Kinder der ersten Generation von türkischen Gastarbeitern bereits in Deutschland geboren.

2 Schreibe die passenden Zwischenüberschriften über die fünf Textabschnitte.

- – Was hat 1961 zum Beginn der türkischen Einwanderung geführt?
- – Wie sieht die Situation in Deutschland heute aus?
- – Weshalb wurden in Deutschland Arbeitskräfte angeworben?
- – Woher kamen die meisten Bewerber bis zum Anwerbestopp?
- – Aus welchen Ländern kamen die Gastarbeiter von 1955 bis 1969?

Sprachbilder von Emine Sevgi Özdamar übersetzen

Emine Sevgi Özdamar sprach in ihrer Rede bei der Preisverleihung auch von der politischen Situation in der Türkei in den 1970er Jahren. Die Autorin wurde verhaftet, weil sie in der Arbeiterpartei war, die jetzt verboten ist.

1 Lies die gekürzte Fassung des zweiten Auszugs der Rede.

1971 putschten* die Militärs in der Türkei. Polizisten verhafteten nicht nur die Menschen, sondern auch die Wörter. Damals konnte man wegen Wörtern erschossen und gefoltert werden. In solchen Zeiten können Wörter krank werden. Ich wurde unglücklich in der türkischen Sprache. Ich lief im
5 Stadtzentrum von Istanbul umher. Das schöne Obst in den Ständen wurde mir fremd. Wem sollten die Granatäpfel, die Weintrauben schmecken? Bei einem Putsch steht alles still, sogar die Liebe kann stillstehen. Man kann in solchen Jahren die Muttersprache im eigenen Land verlieren. Man muss die Wörter verstecken. Man bekommt Angst vor Wörtern.
10 Ich wurde damals müde in meiner Muttersprache. Wenn es dunkel wird in einem Land, suchen sogar die Steine eine neue Sprache. Die Zunge hat keine Knochen. Wohin man sie dreht, sie bewegt
15 sich dorthin. Ich drehte meine Zunge ins Deutsche und plötzlich war ich glücklich.

*putschen/
der Putsch:
der Sturz einer
Regierung ohne
Recht/Gesetz

2 Verbinde die Sprachbilder (Metaphern) mit den möglichen Bedeutungen.
Beachte: Es gibt keine eindeutige Lösung beim Verständnis von Sprachbildern.

die Wörter verhaften	Man hört Sätze, die traurig und krank machen.
die Wörter werden krank	Man kann eine andere Sprache lernen.
die Wörter verstecken	Wie eine Zunge kann sich die Sprache verändern.
in der Muttersprache müde werden	Man muss genau aufpassen, was man sagt.
sogar Steine suchen eine neue Sprache	Die eigene Sprache will man nicht mehr hören.
die Zunge hat keine Knochen	Man wird für seine Meinung eingesperrt.
die Zunge ins Deutsche drehen	Es gibt die Möglichkeit, etwas Neues zu suchen.

3 Sprecht über eure Lösungen in Partnerarbeit.

Die Lebensdaten der Autorin erschließen

1 Lies den gekürzten Text über das Leben von Emine Sevgi Özdamar.

Emine Sevgi Özdamar wurde am **10. 8. 1946** in **Malatya** in der **Türkei** geboren.
Im Alter von drei Monaten zog sie mit ihren Eltern nach Istanbul. Sie wuchs in **Istanbul und Bursa** auf. Schon mit **12 Jahren** stand sie im Staatstheater in Bursa auf der Bühne und verdiente Geld für ihre Eltern. **1965** ging sie als 18-Jährige ohne Schulabschluss und Sprachkenntnisse nach
5 Berlin. Sie war dort als Gastarbeiterin in einer **Elektrofabrik** tätig.
Von **1967 bis 1976** besuchte sie die Schauspielschule in Istanbul und spielte am Theater.
Nach dem Sturz der türkischen Regierung **1971** bekam sie immer mehr Probleme in ihrem Land.
Deshalb zog sie **1976** in die DDR, nach Ostberlin. In den folgenden Jahren studierte sie in **Paris** und arbeitete danach von **1979 bis 1984** am Schauspielhaus in Bochum. Emine Sevgi Özdamar wirkte
10 auch in einigen Filmen mit. Seit **1986** lebt die Autorin und Schauspielerin wieder in Berlin.

2 Trage die Lebensdaten von Emine Sevgi Özdamar in die Übersicht ein.

Name: _____

Geburtsdatum: _____

Geburtsort: _____

Geburtsland: _____

Aufgewachsen in den Städten: _____

Beschäftigt am Staatstheater von
Bursa im Alter von: _____

Als Gastarbeiterin nach Deutschland
im Jahr: _____

Arbeit in Berlin in einer: _____

Schauspielschule und Theaterspielen
in Istanbul in den Jahren: _____

Probleme in der Türkei nach dem
Putsch im Jahr: _____

Umzug nach Ostberlin: _____

Studium in: _____

Beschäftigt am Schauspielhaus Bochum
in den Jahren: _____

In Berlin als Autorin und
Schauspielerin seit: _____

Fragen zu einem Text beantworten

1 Lies den gekürzten Text von Meryem Korkot.

Meryem Korkot

Türkische Filme – Eine Gelegenheit, unsere Kultur besser kennen zu lernen

(2014)

Die türkischen Filme waren wichtig für viele türkische Menschen, die in den Jahren 1970 bis 1990 in Deutschland aufgewachsen sind. Sie kannten die Türkei nur durch die Erzählungen ihrer Eltern und **wussten wenig** über **die türkische Kultur.** Hinzu kam, dass man damals die Türkei höchstens **alle drei bis fünf Jahre** besuchen konnte. In einem fremden Land **die eigene Kultur zu**
5 **leben,** war somit nicht leicht. Man wurde von der deutschen Lebensweise beeinflusst und passte sich ihr an. Daher boten die türkischen Filme eine gute Möglichkeit, **die Kultur des Heimatlandes kennen zu lernen.** Die Filme boten Einblicke in **die türkische Welt, in die Sprache, Geschichte, Gesellschaft und wie die Menschen in der Türkei leben.** Auch eine Reihe von türkischen Komödien hatte einen starken Einfluss auf die Türken in Deutschland. Bis heute sind solche Filme sehr
10 beliebt, auch bei Nichttürken. Wenn man sich für die Türkei interessiert, kann man durch diese Filme viel über die Kultur des Landes erfahren.

2 Beantworte die Fragen zum Text in Stichworten.

Warum waren die türkischen Filme für viele türkischstämmige Menschen wichtig?

_____

Wie oft konnte man damals die Türkei besuchen?

_____

Was war nicht leicht für die türkischen Menschen?

_____

Welche Möglichkeit boten die türkischen Filme deshalb für die Menschen?

_____

Was zeigten die Filme?

_____

_____

3 Kennt ihr türkische Filme? Sprecht darüber in Partnerarbeit.

Liebe und Beziehungen in verschiedenen Kulturen erkunden

1 Lies den Text über Hannah und Mehmet.

Hannah und Mehmet sind seit einem Jahr eng befreundet. Sie haben beide Probleme in ihren Familien. Die türkischen Eltern von Mehmet und die deutschen Eltern von Hannah sehen die Beziehung der beiden Jugendlichen nicht gern.

Argumente der Eltern von Mehmet und Hannah

– In unserer Familie legen wir großen Wert auf den Zusammenhalt. Deshalb wollen wir bei der Partnerwahl mitentscheiden.

– Männer haben in diesen Familien mehr zu sagen als Frauen. In unserem Land aber sind Frauen und Männer gleichberechtigt. Das wollen wir auch für unser Kind.

– Wir wissen zu wenig über die Kultur in diesem Land, da wir noch nie dort waren. Das macht uns unsicher.

– Uns gefällt die sogenannte „freie" Art der Mädchen in diesem Land nicht. Wir haben andere Regeln für das Verhalten von Mädchen und Frauen.

– Wir denken, dass sich die Eltern zu viel in das Leben junger Paare einmischen. Das ist schlecht und führt zu unnötigen Streitereien.

– Und dann sind die Eltern auch noch geschieden! Das ist kein gutes Vorbild. In unserer Kultur wird das nicht gern gesehen.

2 Trage die Argumente der Eltern in Stichworten passend ein.

Eltern von Hannah:

Männer in diesen Familien _____

_____

_____

Eltern von Mehmet:

in unserer Familie großer Wert _____

_____

_____

3 Schreibe deine Meinung zum Thema auf.

Ich denke, die beiden sollten zusammenbleiben / nicht zusammenbleiben, denn

_____

Ein Plakat für einen Kurzvortrag erstellen

Für eine Ausstellung über die Autorin Özdamar soll ein Plakat erstellt werden.
Dazu ist es notwendig, sich zuerst für ein Thema zu entscheiden.

1 Lies die Angaben in der Mind-Map.

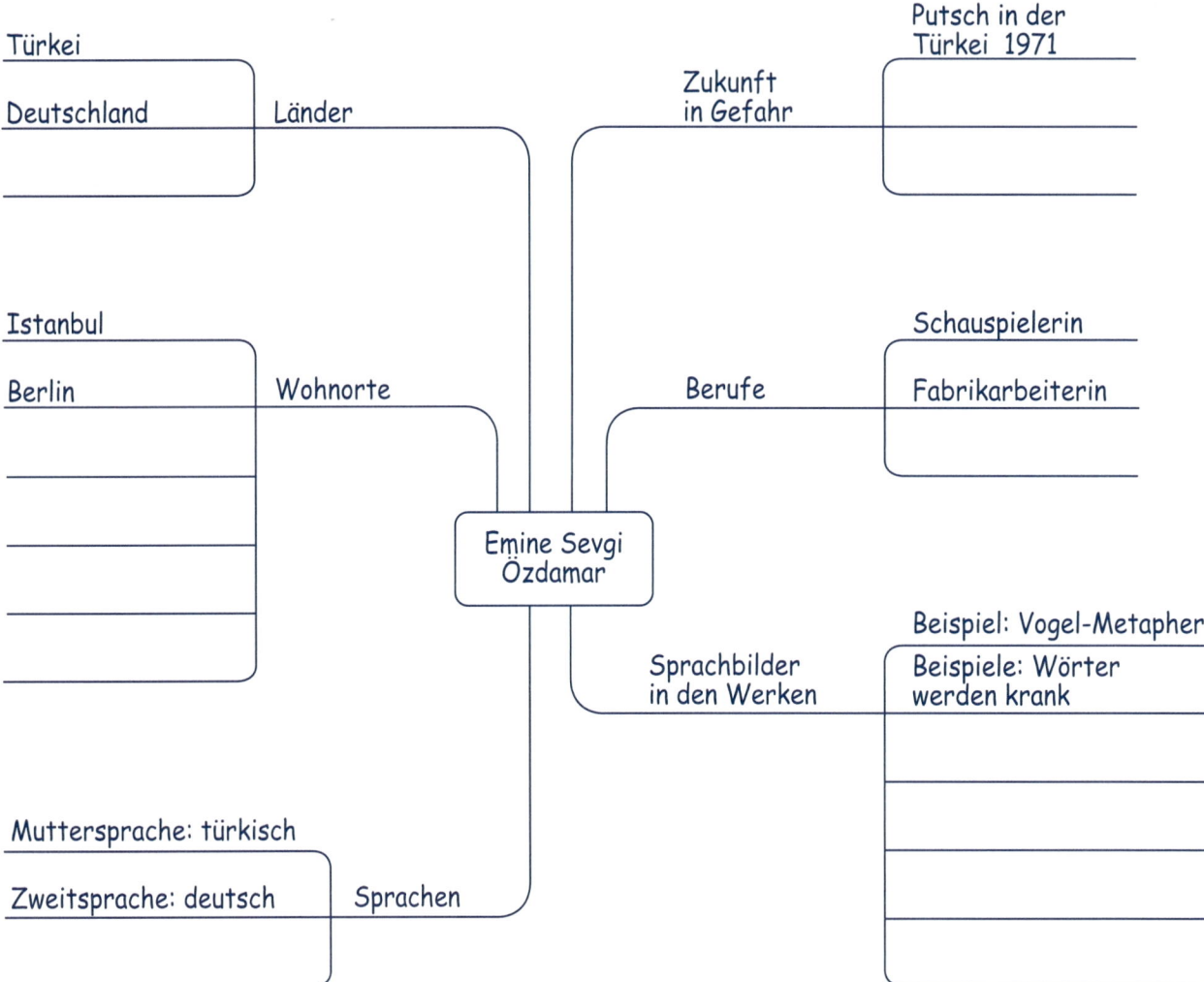

2 a Entscheide dich für einen Bereich oder mehrere Bereiche aus dem Leben der Autorin.

   b Suche zu den Bereichen nach weiteren Informationen, z. B. im Internet.
     Tipp: Du kannst auch die Angaben auf den Seiten 58, 60 und 61 nutzen.

   c Ergänze diese Angaben in der Mind-Map.

3 Lies die Angaben zur Gestaltung eines Plakates.
   – Besorge einen großen Tonpapierbogen.
   – Suche passende Bilder und Textausschnitte zu deinen Bereichen.
   – Schreibe das Wichtigste zu den Bereichen groß und lesbar auf das Plakat.
   – Gestalte das Plakat durch unterschiedliche Schriften, Farben und Unterstreichungen.

4 Stelle die Inhalte deines Plakats in einem **Kurzvortrag** in der Klasse vor.

Teste dich!

1 Lies den Text über Emine Sevgi Özdamar.
In allen Sätzen stehen falsche Angaben.

Bereits mit zehn Jahren stand Emine Sevgi Özdamar in der Türkei auf der Bühne. Als die Autorin

1965 zum ersten Mal nach Deutschland kam, hatte sie einen Schulabschluss und konnte gut

Deutsch. Sie kam damals
als Gastarbeiterin nach
5 Hamburg in eine Autofabrik.
Danach besuchte Frau
Özdamar die Schauspielschule
in Berlin. Sie zog 1970 wegen
der militärischen
10 Machtübernahme in der Türkei
nach Deutschland. Seit 1986
lebt sie als Autorin und
Schauspielerin in Paris.

2 Schreibe den Text über die Autorin mit den richtigen Aussagen.

Bereits mit _____

_____

_____

_____

_____

_____

_____

_____

_____

_____

_____

Einen Text lesen und verstehen

 **1** Lies den gekürzten Textauszug des Romans „Die Brücke vom Goldenen Horn".

* das Goldene Horn:
die Bezeichnung
für die Meerenge
Bosporus
in Istanbul

Emine Sevgi Özdamar

Die Brücke vom Goldenen Horn (1998) – 1. Textauszug

Mein Vater schickte mich zum Deutschlernen zum Goethe-Institut. Meine ersten Sätze auf Deutsch waren: „Entschuldigung, kann ich was sagen?" „Entschuldigen Sie bitte, wie spät ist es?" und „Entschuldigen Sie bitte, kann ich noch eine Kartoffel bekommen?" Nur am Wochenende entschuldigte ich mich nicht.

Die Ich-Erzählerin bekommt ein paar Wochen später eine Stelle bei der Firma Siemens und ein Zimmer im Siemens-Wohnheim. Weil sie fließend einen Film vom Deutschen ins Türkische übersetzen kann, wird sie zur Übersetzerin im Wohnheim.

5　Das Wohnheim hatte sechs Etagen. Die türkischen Frauen waren in den oberen Etagen
des Wohnheims untergebracht. Bald zogen unten türkische Ehepaare ein.
Ich brachte die Ehepaare zur Fabrik und übersetzte für sie die Arbeit,
die sie machen sollten. Während ich übersetzte, standen der Meister rechts und die Paare links
von mir. Wenn ich deutsch sprach, fing ich alle meine Sätze mit „Entschuldigen Sie bitte ..." an.
10　Wenn ich ins Türkische übersetzte, fehlte das Wort „Entschuldigung".
Wenn ich beim Arzt übersetzte und ihm fiel ein Blatt herunter, sagte ich: „Ach, entschuldigen
Sie bitte."
Wenn ich eine Tür, auf der „drücken" stand, zu mir heranzog und die Tür
nicht aufging, sagte ich zum Pförtner: „Ach, entschuldigen Sie bitte."
15　Einmal saß ich im Wohnheimbüro, eine Hand unter dem Kinn, es war dunkel
im Büro und Madame Gutsio kam herein.
Sie schaltete das Licht an, und ich sagte: „Ach, Entschuldigung."
Gutsio fragte: „Warum entschuldigst du dich, Zuckerpuppe?"
„Ja, richtig. Entschuldigung", sagte ich.
20　„Entschuldige dich doch nicht."
„Okay, Entschuldigung."
„Entschuldigung, bitte, aber warum entschuldigst du dich so viel?"
„Entschuldigung, ich entschuldige mich nicht mehr."
Gutsio sagte: „Entschuldigung, Zuckerpuppe, aber du entschuldigst
25　dich immer noch."
„Ja, entschuldige, ich will nicht mehr entschuldigen."
„Entschuldige dich nicht. Schluss."
„Gut, ich entschuldige mich nicht, Entschuldigung."
Gutsio schüttelte den Kopf und sagte: „Zuckerpuppe, Zuckerpuppe,
30　mir gefällt das nicht, dass du dich immer entschuldigst."

2 Markiere in unterschiedlichen Farben, was die Ich-Erzählerin sagt
und was Madame Gutsio sagt.

3 Sprecht in Partnerarbeit über den Text.
Überlegt mögliche Gründe für das Verhalten der Ich-Erzählerin.

Die Gedanken der Romanfigur erkunden

Die Ich-Erzählerin im Textauszug aus „Die Brücke vom Goldenen Horn" (Teil 1) entschuldigt sich bei jeder Gelegenheit. Wir erfahren nicht, warum sie das macht und was sie bei diesem Verhalten denkt. Um das ständige Entschuldigen besser zu verstehen, kann man versuchen, sich in die Lage und die Gefühle der Figur hineinzuversetzen.

1 Lies die möglichen Gedanken der Ich-Erzählerin.

Ich habe Angst, im neuen Land etwas falsch zu machen, deshalb entschuldige ich mich schon vorher.

Ich finde es peinlich, dass ich die Sprache schon so viel besser kann als meine Landsleute.

Was ist daran schlimm? Selbst Madame Gutsio entschuldigt sich oft.

Ich fühle mich noch nicht heimisch in der neuen Sprache. Das macht mich unsicher.

Ich möchte besonders höflich sein im fremden Land.

Wirklich blöd, ich habe mir das in der Sprachschule so angewöhnt.

Schrecklich, schrecklich, es ist einfach ein dumme Angewohnheit von mir.

2 a Lies den Kasten über den „inneren Monolog".

b Schreibe den inneren Monolog der Romanfigur in der Ich-Form auf.
   – Wähle dazu Sätze des inneren Monologs der Ich-Erzählerin aus Aufgabe 1 aus, die du passend findest.
   – Schreibe auch eigene Ideen auf.

Ich _____

_____

_____

_____

_____

Methode	Einen inneren Monolog verfassen

Ein **innerer Monolog** ist ein **stummes Selbstgespräch** einer Figur.
Innere Monologe werden meistens verfasst:
- **in der Ich-Form und im Präsens,** z. B.: *Ich habe mir das angewöhnt … Mir sind die …*
- mit **Ausrufen und Fragen:** *Was ist daran schlimm?*
- mit **Wiederholungen:** *Schrecklich, schrecklich …*
- in der **Umgangssprache:** *Wirklich blöd, dieses ständige Entschuldigen.*

Aus einem Textauszug einen Brief entwickeln

1 Lies den gekürzten Textauszug aus „Die Brücke vom Goldenen Horn".

Emine Sevgi Özdamar

Die Brücke vom Goldenen Horn (1998) – 2. Textauszug

Im Wohnheim gab es oft Probleme zwischen den Bewohnern. Dann kam jemand zu
mir und beschwerte sich: „Frau Dolmetscherin, die stellen das Radio so laut." Ich musste
jetzt also auch zwischen Türken und Türken übersetzen und wurde zum Postmann
des Wohnheims. Eine Frau rief: „Sag der da, sie soll den Topf abwaschen!" Ich ging zu der Frau
5　und sagte: „Wasch doch den Topf ab." Die Antwort war: „Sag der, sie soll erst einmal
das Bad putzen, dann wasche ich ab." Wenn sie mich ein paar Mal hin- und hergeschickt
hatten, putzte ich das Bad und den Kochtopf selbst.
Das Wohnheim hatte sehr dünne Wände. Wenn jemand nachts eine Tür zuschlug oder
wenn ein Fenster klappte, wachten die Menschen auf. Wenn auf dem Korridor in der Nacht
10　einmal laut gesprochen wurde, gingen sofort die Türen auf. Dann schrien die Männer:
„Nicht mal im Schlaf hat man seine Ruhe! Was für Menschen seid ihr?" Dadurch wurden
wieder andere wach und schimpften. Dann weckten sie mich und beschwerten sich.
Wenn ich auf dem Korridor ankam, gingen sie wieder in ihre Zimmer und ich stand allein da.
Nur eine Kakerlake sah ich noch, die die Wand entlanglief.
15　Sogar ein Ehemann sprach mich an und sagte: „Können Sie meiner Frau sagen,
Frau Dolmetscherin, wenn sie so weitermacht, gehe ich in die Türkei zurück."
Niemand ging in die Türkei zurück, und ich trug die Sätze von einem zum anderen.
Als ich später Stücke von Shakespeare* las, sah ich, dass dort oft die Boten
getötet wurden.

> *William
> Shakespeare:
> ein bekannter
> Schriftsteller
> (1564–1616)

2 Was würde die Ich-Erzählerin in einem Brief an ihre Eltern schreiben?
Lies die ungeordneten Sätze für den Brief.

> Aber macht euch keine Sorgen. Ich komme
> schon damit zurecht.

> Besonders schlimm war ein Ehemann. Er sagte mir, ich sollte mit seiner Frau sprechen.
> Ich sollte ihr sagen, dass er in die Türkei zurückgeht, wenn sie so weitermacht.

> So schicken mich zum Beispiel die Frauen hin und her,
> damit ich ihre Beschwerden über andere Frauen weitergebe.

> Es grüßt euch herzlich eure Tochter.

> Liebe Eltern,

> Und dann ist es auch sehr laut im Wohnheim. Deshalb gibt
> es darüber immer wieder Streit, den ich schlichten soll.

> Jetzt bin ich sogar auch Dolmetscherin für die türkischen Bewohner im Wohnheim,
> denn es gibt hier oft Probleme.

3 Schreibe die Sätze des Briefes in einer passenden Reihenfolge ins Heft.
Tipp: Es gibt mehrere Möglichkeiten, nur die Anrede- und Schlussformel liegt fest.

Aus der Sicht einer Romanfigur einen Brief schreiben

1 a Lies die Inhaltsangabe des dritten Textauszugs aus „Die Brücke vom goldenen Horn".

b Lies auch den Text im Deutschbuch S. 105.

Im dritten Textauszug berichtet die Erzählerin von der Reise nach Berlin und von der ersten Zeit in der Stadt. Für sie ist Berlin in den ersten Tagen wie ein endloses Gebäude. Wie schon bei ihrer Ankunft in München geht es auch hier immer raus und rein. Raus aus der Tür des Flugzeugs, rein in die Bustür, raus aus der Bustür, rein in das türkische Wohnheim. Das Wohnheim wird von der Erzählerin lautsprachlich als „Wonaym" bezeichnet. Raus aus der Wonaymtür und rein in die Kaufhaustür bei Hertie am Halleschen Tor. Dort will die Erzählerin mit zwei anderen Mädchen Zucker, Salz, Eier, Toilettenpapier und Zahnpasta kaufen. Sie kennen aber die deutschen Wörter dafür nicht. Sie beschreiben ihre Wünsche mit Vorspielen und Geräuschen. Ihr Einkauf klappt, nur statt Zahnpasta bekommen sie Fliesenputzmittel.

2 Schreibe die folgenden Sätze aus Sicht der Romanfigur.

Für **sie** war die Stadt Berlin in den ersten Tagen wie ein endloses Gebäude.

<u>Für mich war die Stadt Berlin in den ersten Tagen wie ein endloses Gebäude.</u>

Sie musste ständig durch neue Türen rein- und rausgehen.

<u>Ich</u> _____

Sie fühlte **sich** im fremden Land am Anfang sehr verloren.

<u>Ich</u> _____

Sie ging einmal mit anderen Mädchen in ein Kaufhaus.

_____

Sie wollten einkaufen und kannten die deutschen Wörter nicht.

<u>Wir</u> _____

Sie haben **ihre** Wünsche mit Geräuschen vorgespielt.

_____

Sie wackelten z. B. mit **ihrem** Hintern und sagten: „Gak, gak, gak", um Eier zu bekommen.

_____

_____

3 Schreibe die geänderten Sätze als Brief an die Eltern ins Heft.
Tipp: Beginne mit einer Anrede (*Liebe Eltern* oder *Liebe Mutter, lieber Vater*) und schreibe eine eigene Schlussformel (*Viele Grüße von ..., Herzliche Grüße von ...*).

6 In allen Lebenslagen zueinander stehen

Die Kurzgeschichte „Scherben" lesen

1 Lies die gekürzte Fassung der Kurzgeschichte „Scherben".

Marlene Röder

Scherben (2011)

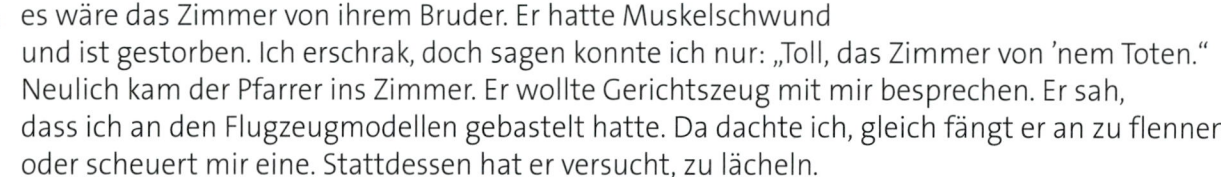

Ich bin unvorsichtig geworden. Zu Hause wäre mir das nicht passiert.
Ich bin müde, daran liegt es. Ich könnte hier die ganze Zeit nur schlafen.
Sie haben mir ein Babyzimmer gegeben mit Modellflugzeugen an
der Decke. Ich bin fast vierzehn, Mann. Das Mädchen hat gesagt,
5 es wäre das Zimmer von ihrem Bruder. Er hatte Muskelschwund
und ist gestorben. Ich erschrak, doch sagen konnte ich nur: „Toll, das Zimmer von 'nem Toten."
Neulich kam der Pfarrer ins Zimmer. Er wollte Gerichtszeug mit mir besprechen. Er sah,
dass ich an den Flugzeugmodellen gebastelt hatte. Da dachte ich, gleich fängt er an zu flennen
oder scheuert mir eine. Stattdessen hat er versucht, zu lächeln.
10 Kein Wunder, dass man da vergisst, die Tür abzuschließen, wenn man ins Bad trottet. Zu Hause
wäre mir das nie passiert. Ich stehe in Boxershorts vorm Waschbecken und putze mir die Zähne.
Als ich hochgucke, sehe ich in dem großen Spiegel das Mädchen hinter mir in der Tür stehen.
Sie starrt meinen Rücken an, die Striemen, wo der Arsch mich mit dem Gürtel ... Und meine
Mutter hat zugesehen, bisschen geflennt, aber zugesehen.
15 Ich wirble herum. Das Mädchen macht so ein Gesicht, wie – oh, es tut mir so leid für dich.
Am liebsten würde ich sie schlagen. Stattdessen schreie ich sie an. Ich schmeiße alles nach ihr,
was in Reichweite ist. Das Mädchen blutet am Kinn, aber es bleibt stehen. Zuletzt knalle ich die
Seifenschale gegen den großen Wandspiegel. WUMM! Der Spiegel explodiert und die Scherben
regnen glitzernd runter. Da läuft sie endlich weg.
20 Mein Herz hämmert. Mir ist so heiß. Ich will meine Haut ausziehen und mich mit dem Gesicht
auf die kalten Fliesen legen. Aber es ist alles voller Scherben. Jetzt schmeißen die mich raus aus
dem Pfarrershaus. War ja klar, dass so was passiert.
Es klopft an der Badezimmertür und der Pfarrer kommt herein. Bestimmt ist er wütend über mich.
Aber sein Gesicht bleibt ganz ruhig. Er breitet die Arme aus und ich kapiere, dass er mich über
25 die Scherben hinwegtragen will. Aus irgendeinem Grund tut mir das mehr weh, als wenn er mich
geschlagen hätte. Ich schreie ihn an: „Nur weil dein Sohn tot ist ... Ich brauche niemanden,
der mich rettet." Die Arme des Pfarrers sinken herab, auch in seinem Gesicht sinkt etwas und ich
schaue weg.
„Ich hab keinen Muskelschwund! Ich hab jede Menge Muskeln!", sage ich, denn ich bin fast
30 vierzehn. Und dann laufe ich über die Scherben zur Tür. Die Scherben schneiden in meine nackten
Füße, aber ich laufe weiter.

2 Was denkst du über das Verhalten des Ich-Erzählers?
Schreibe deine Meinung auf.

Ich finde, der Junge _____

_____

_____

_____

Die Figuren der Kurzgeschichte „Scherben" beschreiben

In der Kurzgeschichte „Scherben"
befindet sich ein Junge in einer
Konfliktsituation. Er lebt in einer Pflegefamilie.
Sein Pflegevater ist Pfarrer, er hat eine Tochter.
Die Beschreibungen (Charakteristiken)
von Figuren und ihrem Verhalten hängen
davon ab, wie man die Geschichte versteht.
Das kann sehr unterschiedlich sein.

1 Lies die zwei unterschiedlichen
Beschreibungen der Figuren.

A ☐ Ich denke, der Junge ist **traurig** und **verletzt,** weil er Schlimmes in seiner Familie erlebt
hat. In seiner Pflegefamilie fühlt er sich am Anfang noch **unsicher.** Aber es wird besser. Er ist
sehr **beschämt,** als das Mädchen seine Wunden sieht. Das Mädchen ist **verängstigt** und
mitfühlend, was der Junge nicht ertragen kann. Er denkt an die Prügel, die er zu Hause
bekommen hat. Er wird **jähzornig** und **wütend.** Als der Pfarrer sich trotzdem so **ruhig** und
väterlich zeigt, kann er auch damit nicht umgehen. Er sagt die Dinge zu ihm nur, weil er selbst
furchtbar **gekränkt** ist und er das nun rauslässt.

B ☐ Ich finde, der Junge ist **undankbar.** Die Pflegefamilie ist doch so sozial und hat ihn
aufgenommen. Es geht ihm da viel besser als bei seinen Eltern. Wie kann er dann derart
aggressiv und **zerstörerisch** werden, nur weil das **freundliche** Mädchen seine Verletzungen
sieht? Das Mädchen kann doch nichts dafür. Sie ist **hilflos** und **betroffen,** weil sie so etwas
nicht kennt. Und zum Pfarrer ist der Junge richtig **aufbrausend** und **gemein.** Dabei ist der Mann
doch **verständnisvoll** und **hilfsbereit,** obwohl der Junge sich so **ausfallend** verhält.

2 Was denkst du über die Geschichte? Kreuze an, welcher Text dir passender erscheint.

3 a Suche aus den Texten A und B die Wörter heraus, die du für die Beschreibungen der Figuren
passend findest.

b Schreibe die Wörter in die Tabelle.

Ich-Erzähler (Junge, fast 14 Jahre)	Mädchen (Tochter des Pfarrers)	Pfarrer (Pflegevater des Jungen)

Den Inhalt der Kurzgeschichte „Mut ist …" erschließen

1 Lies die gekürzte Fassung der Kurzgeschichte „Mut ist …".

Jennifer Wiener

Mut ist … (2011)

„Hallo!!!!! Ist da jemand?", schallte es aus dem Telefon. Livia wusste,
wer es war. Sie wusste, dass es schon das zehnte Mal war,
dass sie ihn angerufen hatte. Sie legte auf. Das Einzige, was sie wollte,
war ein Date. Doch sie konnte kein Wort mit ihm wechseln. Der Junge
5 hieß Peter. Er hatte blondes Haar und blaue Augen. Seine Blicke waren
wie Küsse. Sie kannte zwar seine Blicke, aber Peter sah sie nie direkt an.
Hasste er sie vielleicht? Das war ihr egal. Sie war süchtig nach Peter und nach Liebe.
Livia überredete ihre Eltern, seine Eltern anzurufen. Sie sollten fragen, ob er ihr Nachhilfe geben
würde. Sie traute sich nicht beim Telefongespräch zuzuhören. Als ihre Mutter ihr sagte,
10 dass er keine Zeit habe, brach ihr Herz. In der Nacht schlief sie schlecht.
Am nächsten Tag wurde in der Schule ein Projekt angekündigt. Jeder sollte einen Aufsatz
über das andere Geschlecht schreiben. Durch Zufall musste sie mit Peter zusammenarbeiten.
Beide sahen sich an, sagten aber kein Wort.
Am Abend fiel ihr nicht ein, was sie schreiben sollte. Sie musste Peter anrufen. Livia ging
15 zum Telefon und wählte die Nummer. Ihre Hände waren nass vor Schweiß. Es fing an zu klingeln
und plötzlich erklang seine aufgeregte Stimme.
„Hallo! Wer ist da? Peter am Apparat!" Livia suchte nach ihrer Stimme.
„Ich bin's Livia", sagte sie ganz cool, und ihre Angst war weg.
„Äh, hallo Livia. Was gibt's?", fragte er. „Du weißt doch, das blöde Projekt. Ich wollte …", jetzt
20 war der entscheidende Moment, „fragen, wann wir uns treffen können. Nicht nur wegen
dem blöden Projekt." Sie dumme Kuh, warum hatte sie das gesagt? Oh nein!
„Sehr gern. Wie wär's mit heute, jetzt? Ich komme zu dir. Tschau!", schrie er. Es machte Klick.
Sie lief in ihr Zimmer, zog was Cooles an und schrieb in ihr Tagebuch: Mut ist, die Liebe
zu gestehen.

2 Was denkst du über das Verhalten von Livia? Kreuze an.
Tipp: Alle Angaben können richtig sein.

☐ Livia verhält sich aufdringlich. Sie könnte auch warten, bis Peter sie anspricht.

☐ Peter ist genauso schüchtern wie Livia. Deshalb sieht er sie nicht an.

☐ Peter will nichts von Livia wissen. Deshalb ist er so zurückhaltend.

☐ Livia ist mutig. Denn sie überwindet ihre Angst und verabredet sich.

3 Ist es gut, dass Livia so direkt auf Peter zugeht? Schreibe deine Meinung auf.

_____

_____

_____

_____

Was denkt Livia? – Die Zeitform in einem Text ändern

In der Kurzgeschichte „Mut ist …" überwindet Livia ihre Angst und schlägt Peter vor,
sich mit ihr zu treffen.

1 Lies den Text in der Ich-Form über Livias Gefühle und Gedanken.

Ich **musste** immer an ihn denken, denn ich **war** in ihn verliebt. Ich **konnte** ihm nicht in die Augen

schauen. Der Junge, den ich **meinte, hieß** Peter. Ich **wusste** nicht, ob er mich mag, denn er **sah**

mich nie an. Ich **wollte** nur ein einziges Date mit ihm. Ich **war** süchtig nach ihm und nach Liebe.

Ich **war** enttäuscht, dass er mir keine Nachhilfe geben **wollte.** Ich **freute** mich über

das gemeinsame Projekt. Ich **hoffte,** es wird ein cooles Date.

2 **a** Schreibe den Text in der Zeitform Präsens.
Tipp: Nutze die Verbformen am Rand.

> hoffe · will · meine · bin · freue · kann ·
> heißt · will · weiß · sieht · muss

_____

_____

_____

_____

_____

_____

_____

b Lies auch die Angaben im Informationskasten.

c Beschreibt der Text die äußere oder die innere Handlung? Schreibe auf.

_____

Information	Die innere und äußere Handlung in Geschichten

In Geschichten kann man meistens zwei Handlungsebenen unterscheiden:

- Die **äußere Handlung** beschreibt das sichtbare Geschehen, z. B.: *Sie legte auf.* (▶ Z. 3)

- Die **innere Handlung** beschreibt die Gefühle, Gedanken und Wünsche, z. B.:
  Das Einzige, was sie wollte, war ein Date … (▶ Z. 3–4) *Hasste er sie vielleicht?* (▶ Z. 7)

- In manchen Geschichten kann man die innere Handlung durch die äußere Handlung
  erschließen, z. B.: *Ihre Hände waren nass vor Schweiß.* (▶ Z. 15)
  Livia suchte nach ihrer Stimme. (▶ Z. 17)

Textstellen der Kurzgeschichte „Das Brot" verstehen

Die Kurzgeschichte „Das Brot" von Wolfgang Borchert entstand 1946, kurz nach
dem Zweiten Weltkrieg (1939 bis 1945). Vielen Menschen ging es in der Zeit nach dem Krieg
in Deutschland schlecht. Es fehlte an Wohnraum und die Menschen litten an Hunger.

1 a Lies die Kurzgeschichte im Deutschbuch S. 113 und 114.

   b Lies auch das Ende der Kurzgeschichte auf Seite 115, Aufgabe 6, Text A.

2 a Lies nun die einzelnen Textstellen und die Deutungen zu den Textstellen.

   b Verbinde jede Textstelle mit der passenden Deutung.

Textstellen	Deutungen
A Auf dem Küchentisch stand der Brotteller. Sie sah, dass er sich Brot abgeschnitten hatte. Das Messer lag noch neben dem Teller. Und auf der Decke lagen Brotkrümel.	**1** Die Frau sagt nicht, was sie gesehen hat. Sie tut so, als hätte sie zuerst auch etwas gehört, und will aus der Küche heraus.
B „Ich dachte, hier wäre was", sagte er und sah in der Küche umher.	**2** Die Lüge ihres Mannes tut der Frau weh. Sie sind schon so lange verheiratet, deshalb könnte er doch Vertrauen haben.
C Sie sah ihn nicht an, weil sie nicht ertragen konnte, dass er log. Dass er log, nachdem sie neununddreißig Jahre verheiratet waren.	**3** Die Frau gibt dem Mann eine zusätzliche Scheibe Brot, damit er satt wird und nicht mehr heimlich Brot abschneiden muss.
D „Nein, es war wohl nichts," echote er unsicher. Sie kam ihm zu Hilfe: „Komm man zu Bett."	**4** Der Mann belügt seine Frau. Er traut sich nicht zu sagen, dass er vom Brot heimlich genommen hat.
E Als er am nächsten Abend nach Hause kam, schob sie ihm vier Scheiben Brot hin. Sonst hatte er immer nur drei essen können.	**5** Die Frau sieht, wie sehr sich der Mann für seinen Hunger und seine Notlüge schämt. Sie versteht ihn und hat Mitleid.
F Sie sah, wie er sich tief über den Teller beugte. Er sah nicht auf. In diesem Augenblick tat er ihr leid.	**6** Die Frau sieht am Küchentisch sofort, dass der Mann sich Brot abgeschnitten hat.

Die Merkmale der Kurzgeschichte „Das Brot" ordnen

Kurzgeschichten haben bestimmte Merkmale. An diesen Merkmalen kann man die Textsorte erkennen. Besonders auffallend sind der offene Anfang und das offene Ende. Die Leserinnen und Leser können selbst über das Ende oder die Lösung nachdenken.

1 Lies die Textstellen aus der Kurzgeschichte „Das Brot".

1 Sie sah, dass er sich **Brot** abgeschnitten hatte. Das Messer lag noch neben dem Teller. Und auf der Decke lagen **Brotkrümel.**

_____

2 **Plötzlich** wachte sie auf. Es war halb drei. Sie überlegte, warum sie aufgewacht war.

_____

3 Wenn sie abends zu Bett gingen, machte sie immer das Tischtuch sauber. **Jeden Abend.**

_____

4 **„Komm man", sagte sie** und machte das Licht aus, „das war wohl draußen."

_____

5 „... abends vertrag ich das Brot nicht gut. Iss man, iss man." Erst nach einer Weile **setzte sie sich unter die Lampe an den Tisch.**

_____

2 a Lies die Merkmale der Kurzgeschichte.
   b Schreibe die Merkmale passend zu den Textstellen.

A Plötzlicher Anfang   B Alltägliches Geschehen   C Leitmotiv

   D Wendepunkt der Geschichte   E Offenes Ende

3 Kontrolliere deine Lösungen: A2, B3, C1, D4, E5.

4 Sprecht in Partnerarbeit über die Kurzgeschichte.
   Bedenkt auch die folgenden Aussagen zum Text.

Ich denke, die Frau hat sich richtig verhalten, denn der Mann war hungrig und hat doch nichts Schlimmes getan.

Ich meine, die Frau hätte mit ihrem Mann über die Lüge reden sollen. Jetzt schämt er sich vielleicht noch mehr.

Teste dich!

1 Welche Merkmale haben Kurzgeschichten? Kreise die Buchstaben ein.

B   In Kurzgeschichten gibt es eine ausführliche Einleitung.

M   Eine Kurzgeschichte hat keine Einleitung, sondern einen plötzlichen Anfang.

I   Die Kurzgeschichte endet schlimm für die Figuren der Geschichte.

L   Die Kurzgeschichte handelt immer an mehreren Orten.

O   In Kurzgeschichten gibt es ein offenes Ende.

T   Kurzgeschichten enthalten häufig ein Leitmotiv.

K   Kurzgeschichten handeln von Menschen mit besonderen Fähigkeiten und Leistungen.

A   Kurzgeschichten enden immer mit einem Happy End.

I   In Kurzgeschichten geht es um meistens um das alltägliche Leben von Menschen.

V   In vielen Kurzgeschichten gibt es einen Wendepunkt, mit dem sich der Inhalt verändert.

2 Trage das Lösungswort ein.

3 Lies die gekürzte Fassung der Kurzgeschichte „Eifersucht".
Es fehlen die Kommas.

Tanja Zimmermann

Eifersucht (1984)

Diese Tussi! Denkt wohl sie wäre die Schönste.

Das sieht doch ein Blinder

was die für 'ne Show abzieht.

Ja o. k. sie kann ganz gut tanzen.

5 Nee jetzt legt er auch noch einen Arm um sie.

Ich will hier weg!

Im Spiegel auf dem Klo finde ich mich widerlich.

Als ich rauskomme steht er da:

„Sollen wir gehen?"

10 An der Tür frage ich was denn mit Kirsten ist.

„O Gott eine Nervtante nee vielen Dank!"

„Och ich find die ganz nett" murmele ich.

4 Schreibe den Text mit den Kommas in dein Heft.
Tipp: Wenn du nicht sicher bist, lies in der Kurzgeschichte im Deutschbuch S. 116 nach.

„Der neue Bruder" (Teil 1) – Fragen zum Text beantworten

1 Lies den Anfang der Kurzgeschichte „Der neue Bruder".

Annette Weber

Der neue Bruder (2012)

Kurz nachdem Sarah die Wohnung betreten hatte, war ihr Puls gleich wieder auf hundertachtzig.
Die dicken Adidas-Treter lagen im Flur und es roch nach angebrannter Pizza. Seit dieser Typ
bei ihnen wohnte, war alles anders als früher. Wenn sie darüber mit ihrer Mutter sprach,
sagte sie nur: „Jürgen und sein Sohn sind wahnsinnig lieb." Nie hätte Sarah gedacht,
dass ihre Mutter so tief sinken konnte.
Das Telefon klingelte. Michael war dran und wollte mit
ihrem Bruder sprechen.
Sarah spürte, wie sie rote Ohren bekam. „Bruder?"
„Na, ja, ich meine den Oliver. Der ist ja jetzt fast
so'n Halbbruder, nicht?"
In Sarahs Ohren rauschte es. „Hast du 'n Rad ab?
Mit diesem blöden Typen. der in unserer
Wohnung lebt, habe ich nichts zu tun."
Jetzt stand Oliver direkt vor ihr und sie reichte ihm den Hörer, ohne ihn anzusehen. Sie ging
in die Küche. Die Pizza verbrannte langsam im Ofen. Und überall hatte sich der Typ breitgemacht.
Seine Schulsachen lagen auf dem Tisch und ein leerer Joghurtbecher auf dem Schrank. Sarah
kochte vor Zorn. Mit welchem Recht machte der Typ hier in der Küche Hausaufgaben?
Mit welchem Recht hinterließ er eine Müllhalde? Und wie sollte das weitergehen?

2 Was ist ein Halbbruder? Klärt die Bezeichnung in Partnerarbeit.

3 Beantworte die Fragen zum Text in Stichworten.

Was stört Sarah am Verhalten von Oliver?

_____

_____

Aus welchem Grund wohnt Oliver mit seinem Vater Jürgen in dieser Wohnung?

_____

4 Wie könnte die Geschichte weitergehen? Markiere deine Meinung.

Sarah bleibt weiter wütend auf Oliver. Sie ekelt ihn mit ihrem Verhalten aus der Wohnung.

Sarah hält es in der Wohnung nicht mehr aus. Sie zieht zu ihrem Vater.

Sarah gewöhnt sich an die Unordnung von Oliver. Sie ist freundlicher zu ihm.

Sarah sagt Oliver, was sie stört. Er ändert sein Verhalten. Dadurch verstehen sie sich besser.

5 Besprecht: Was würdet ihr an Sarahs Stelle tun? Sprecht darüber in Partnerarbeit.

„Der neue Bruder" – Teil 2 der Kurzgeschichte kennen lernen

1 Lies den gekürzten zweiten Teil der Kurzgeschichte „Der neue Bruder".

Annette Weber

Der neue Bruder (2012)

„Wenn ich dieses Breitarschgesicht nur vor mir sehe. Mit dieser Lupe
auf der Nase und den Bauchrollen bis zu den Knien. Nee, Alter, das ist
echt die Hölle", hörte Sarah Oliver Stimme.
Sie stieß einen kleinen Schrei aus. Klar, sie redeten am Telefon über sie.
5 „Hi! Wie war's in der Schule?", wurde sie von Oliver kurz darauf freundlich begrüßt.
Sarahs Blut brodelte. „Ich habe eine Karte aus dem Kartenraum geholt,
dem Lehrer die Tasche getragen und danach den Schulhof gefegt", entgegnete sie.
Oliver lachte überrascht. „Donnerwetter, da bringst du ja alle Lehrerherzen zum Schmelzen."
10 Er holte die angebrannte Pizza aus dem Ofen und setzte sich mit einem Stück Pizza zu Sarah.
„Danke, ich lege keinen Wert auf deine Gesellschaft", schrie sie und ging in ihr Zimmer. Im Spiegel
fand sie ihr Gesicht tatsächlich ziemlich rund. Sarah krempelte ihren Pullover hoch und sah
Rettungsringe unter dem Busen. „Mist, ab morgen wird diätet", fluchte sie. „Und dann, Typ, wirst
du dir noch nach mir die Finger lecken."
15 Einige Wochen später hatte es Sarah geschafft. Mit ihrem kurzen hautengen Kleid und den neuen
Kontaktlinsen fand sie sich cool. Auch Oliver war überrascht, als er sie sah. Sarah warf ihre langen
Haare nach hinten und schritt an ihm vorüber. Jungen waren echt beknackt. Sie achteten nur
auf das Aussehen. Breitarschgesicht! Das würde sie ihm nie verzeihen. Oliver wollte mit ihr zur
Schule fahren. Aber sie rannte los. In der Garage zog sie das Ventil aus seinem Fahrradschlauch.
20 Dann radelte sie davon.
Als sie aus der Schule kam, lagen wieder die Adidas-Treter im Flur. Sie trat die Schuhe unter den
Schrank. Auch in der Küche sah es aus wie immer. Hefte und Bücher auf dem Tisch, daneben
ein Teller mit Spaghetti Bolognese.
Oliver betrat die Küche und sagte. „Hi, Sarah, ich wollte nur ..."
25 „Deine Sachen wegräumen, was!", fuhr Sarah ihn an. „Und was ist mit diesem elenden
Hundefutter?", fluchte sie weiter.
Oliver warf das Essen in den Müll. „War mein Abschiedsgeschenk für dich", sagte er und ging aus
der Küche. Als er mit einer großen Tasche auf den Flur trat, fragte sie erschrocken, wo er hinwollte.
Oliver antwortete: „Zu meiner Mutter zurück. Zufrieden?"
30 Sarah setzte sich vor den Schrank, unter dem die Schuhe lagen. Dann wollte sie von ihm wissen,
ob seine Mutter netter sei als sein Vater. Oliver setzte sich zu ihr auf den Boden. „Nein, nicht, seit
sie mit einem anderen Typ zusammenlebt."
Sarah wusste verdammt gut, wie es ihm ging. Er sah total traurig aus. „Aber was soll ich machen?
Hier finde ich ja auch kein Zuhause", sagte er. „Was habe ich dir eigentlich getan?"
35 Sarah kochte. „Was fällt dir bei dem Wort Breitarschgesicht ein?", schrie sie.
Oliver riss die Augen auf. „Wer soll das gesagt haben?"
„Du! Vor einigen Wochen. Zu deinem dämlichen Freund."

2 Schreibe auf, warum Sarah so wütend ist.

Sarah ist so wütend, weil _____

_____

_____

Konfliktsituationen in der Kurzgeschichte untersuchen

In der Kurzgeschichte „Der neue Bruder" kommt es immer wieder zu Konflikten zwischen Sarah und Oliver. Sie sprechen miteinander. Aber sie sagen nicht, was sie eigentlich denken und fühlen. Dadurch misslingt die Kommunikation zwischen den beiden.

1 a Sarah gibt aus Ärger eine freche Antwort. Lies die Beschreibung der Szene.

Nachdem Sarah das Telefongespräch von Oliver belauscht hat, wird sie von ihm freundlich angesprochen. Sie ist wütend, weil sie denkt, dass Oliver mit „Breitarschgesicht" sie gemeint hat.

Oliver: **„Hi! Wie war's in der Schule?"**
Sarah: **„Ich habe eine Karte aus dem Kartenraum geholt, dem Lehrer die Tasche getragen und danach den Schulhof gefegt."**

b Was hätte Sarah sagen können, um die Sache zu klären? Kreuze an.

☐ Wie kommst du dazu, so hässlich über mich zu sprechen?

☐ Ich bin total erschrocken. Hast du mich am Telefon gemeint?

c Schreibe eine andere mögliche Antwort von Sarah auf.

_____

2 a Wie reagiert Oliver? Lies die Beschreibung der Szene.

Oliver ist überrascht über die unfreundliche Antwort von Sarah auf seine harmlose Frage. Er tut aber so, als würde er das nicht merken, und sagt: **„Donnerwetter, da bringst du ja alle Lehrerherzen zum Schmelzen."**

b Was hätte er sagen können, um weitere Konflikte zu vermeiden? Kreuze an.

☐ Ich weiß nicht, was ich falsch mache. Kannst du mir das mal sagen?

☐ Hey Alter, bleib mal auf'm Teppich.

c Schreibe eine andere mögliche Antwort von Oliver auf.

_____

3 a Sarah sagt nicht, was sie wirklich meint. Lies die Beschreibung der Szene.

Oliver setzt sich zu Sarah an den Tisch in der unaufgeräumten Küche und isst die angebrannte Pizza. Sarah schreit: **„Danke, ich lege keinen Wert auf deine Gesellschaft."**

b Schreibe eine andere mögliche Antwort von Sarah auf.

_____

„Der neue Bruder" (Teil 3) – Sätze über das Ende der Geschichte ergänzen

1 Lies den gekürzten Schlussteil der Kurzgeschichte.

Annette Weber

Der neue Bruder (2012)

Sarah sah, dass Oliver nachdachte. Dann lachte er. „Ah, jetzt habe ich's. Wir haben über unsere Englischlehrerin gesprochen." Sarah spürte, wie sie rot wurde. „Echt? Ich dachte ..." Nun lachte Oliver schallend. „Findest du, dass du ein Breitarschgesicht hast?"
Sarah beugte sich wütend zu Oliver. Sie schubste ihn. Oliver ließ sich zu Boden fallen und zog
5 sie mit sich. Dann beugte er sich über sie. Sarahs Herz schlug hart gegen ihre Rippen. Kein Wort kam über ihre Lippen.
„Findest du nicht, dass ich einen Abschiedskuss verdient habe?", flüsterte er. Sarah war jetzt wirklich erschrocken. War das der gleiche Oliver, gegen den sie so viele Mordgedanken gehabt hatte?
10 „Warte!", sagte Sarah mit kratziger Stimme. „Ich ... also ich ... ich war wirklich gemein zu dir."
Sie richtete sich auf. „Frieden, ja?" Oliver nickte.
„Und bitte bleib, ja?" Oliver nickte wieder und stand auf. Er stand jetzt ziemlich dicht neben ihr. Seine dunklen Augen schauten sie aufmerksam an. „Und dann ... wollen wir einfach noch einmal zusammen Spaghetti kochen? Okay?" Oliver strich ihr kurz über den Arm. Durch die Berührung
15 kroch eine Gänsehaut über ihren ganzen Körper
„Okay. Also dann ..." Er wirkte jetzt auch verwirrt.
„Dann räum ich mal meine Sachen wieder
in den Schrank", murmelte er.

2 Ergänze die Sätze über das Ende der Geschichte.

Oliver hat am Telefon nicht über Sarah gehetzt, sondern über _____

Als Oliver sich über Sarah beugt, kommt kein _____

Sarah sagt, dass sie wirklich _____

Oliver schlägt vor, gemeinsam _____

Als Oliver über Sarahs Arm streicht, kriecht _____

3 Was denkst du über das Ende der Kurzgeschichte? Kreuze an.

☐ Sarah fand Oliver schon am Anfang nicht wirklich blöd. Deshalb hat sie sich auch so über das Schimpfwort geärgert.

☐ Weil Sarah und Oliver jetzt verliebt sind, wird es keinen Streit mehr zwischen ihnen geben.

☐ Auch wenn die beiden verliebt sind, wird es weiter Streit zwischen ihnen geben, wenn die Unordnung bleibt. Sarah sollte Oliver sagen, dass sie das stört.

„Happy End" – Eine Inhaltsangabe der Kurzgeschichte schreiben

1 Lies die Kurzgeschichte „Happy End" von Kurt Marti im Deutschbuch S. 124.

2 a Lies die Satzbausteine für eine Inhaltsangabe der Kurzgeschichte.

b Markiere, welche Satzbausteine du nutzen willst.

Die Kurzgeschichte „Happy End" von Kurt Marti	handelt von	den Streit eines Paares.
In der Kurzgeschichte „Happy End" von Kurt Marti	geht es um	dem Streit eines Paares.

Die Geschichte	stammt	im Jahr 1960.
	wurde geschrieben	aus dem Jahr 1960.

Das Paar	hat sich einen Film	das Kino.
Ein Paar	verlässt nach einem Film	im Kino angesehen.

Der Mann	ist verärgert	über das Verhalten der Frau.
	hat sich geschämt	für das Verhalten der Frau.

Sie	hat	beim Happy End geheult.
Die Frau	hat	am Ende des Films geweint.

Der Mann	ist der Meinung,	dass die Frau sich unmöglich verhalten hat.
Er	findet,	dass die Frau sich dumm benommen hat.

In seiner Wut	läuft er aus dem Kino,	ohne auf sie zu warten.
Weil er so voller Wut ist,	geht er einfach los	auf die Straße.

Die Frau holt ihn ein	sagt er zu ihr,	wie er über sie schimpft.
Als die Frau ihn einholt,	und muss sich anhören,	wie er ihr Verhalten hasst.

Die Frau ist nun auch wütend	und denkt,	dass er starr wie ein Klotz ist.
Die Frau ist enttäuscht	und findet ihn	hart und ungerecht.

3 Schreibe deine Inhaltsangabe in dein Heft.

7 „Du bist mein und ich bin dein"

„In dein Herz" – Den Song kennen lernen

1 Lies den Text des Songs „In dein Herz" von Tim Bendzko (2011) im Deutschbuch S. 128.

2 Welche Aussage über den Song passt für dich am besten? Kreuze an.
Tipp: Alle Aussagen könnten richtig sein.

- ☐ Die erzählende Figur im Song möchte unbedingt geliebt werden.
- ☐ Die Figur im Song kämpft für ihre Liebe.
- ☐ Im Song geht es um die Verzweiflung eines Liebenden.
- ☐ Der Liebende befürchtet, dass ihn seine Freundin nicht wirklich liebt.

3 a Lies den Informationskasten unten.

b Ergänze dann die Angaben zum Aufbau des Songs.

Der Song besteht aus _____ **Strophen.** Der **Refrain** (nach Strophe 1) wird _____ mal

gesungen. Die Strophen 1 und 3 haben _____ **Verse.** In der letzten Strophe gibt es

die **Reimwörter** _erreichen_ und _____ .

4 a Lies die durcheinandergeratenen Verse des Songs „In dein Herz".

b Schreibe mit den Versen eine eigene Strophe zum Song. Wähle die Reihenfolge selbst aus.

> Du musst mir nur vertrauen. • Ich will in dein Herz, ob du willst oder nicht. •
> Ich hatte keine Wahl, ich musste mit dir gehn. • Ich will dich um jeden Preis erreichen.

_____

_____

_____

_____

Information	Die äußere Gedichtform in Gedichten und Songs

Jede Zeile in einem Gedicht nennt man **Vers,** z. B.: _Du musst mir nur vertrauen._
Mehrere Verse zusammen ergeben eine **Strophe,** z. B. Vers 1 bis 4.
Viele Gedichte und Songs haben **Reime,** z. B. Paarreime: _Herz – Schmerz, weichen – erreichen._
In einem **Refrain** kehren Verse oder Strophen regelmäßig wieder.

„Dû bist mîn, ich bin dîn" – Das Gedicht übersetzen

Das Gedicht „Dû bist mîn, ich bin dîn" ist in Mittelhochdeutsch verfasst. Es gibt zu diesem Gedicht verschiedene Übersetzungen ins heutige Deutsch. Mittelhochdeutsch wurde in Deutschland in den Jahren 1050 bis 1350 gesprochen und geschrieben.

1 Lies das Gedicht.

Unbekannter Verfasser

Dû bist mîn, ich bin dîn (um 1180)

Dû bist mîn, ich bin dîn,
des solt dû gewis sîn.
Dû bist beslozzen
in mînem herzen,
5 verlorn ist daz sluzzelîn
dû muost ouch immer darinne sîn.

2 **a** Lies die beiden Übersetzungen. Vergleiche sie mit dem Originaltext in Aufgabe 1.

   b Unterstreiche die Wörter in den Übersetzungen A und B, die sich unterscheiden.

A Du bist mein, ich bin dein,	B Du bist mein, ich bin dein,
dessen sollst du sicher sein.	dessen sollst du gewiss sein.
Du bist in meinem Herz eingeschlossen,	Du bist beschlossen in meinem Herzen,
das Schlüsselchen ist verloren gegangen,	verloren ist das Schlüssellein,
du musst nun immer drinnen bleiben.	du musst auch immer drinnen sein.

3 Schreibe neben die mittelhochdeutschen Wörter die Wörter aus einem der Übersetzungstexte.

mîn _____   dîn _____   solt _____   gewis _____

beslozzen _____   sluzzelîn _____

4 **a** Schreibe eine der Übersetzungen oder den mittelhochdeutschen Text des Gedichts auf.

   b Zeichne neben das Gedicht ein Symbol, das zum Text passt, z. B. Herzen, Schlüssel, Liebespaar.

_____

_____

_____

_____

„Mit deinen blauen Augen" – Das Gedicht verstehen

1 Lies das Gedicht.

Heinrich Heine

Mit deinen blauen Augen (um 1828)

Mit deinen blauen Augen
Siehst du mich lieblich an.
Da wird mir so träumend zu Sinne,
Dass ich nicht sprechen kann.

5　An deine blauen Augen
Gedenk ich allerwärts*; –　　　*allerwärts: überall
Ein Meer von blauen Gedanken
Ergießt sich in mein Herz.

2 Ergänze die Satzanfänge mit passenden Wörtern aus dem Gedicht.

Du siehst mich lieblich an mit deinen _____

Ich kann nicht sprechen, mir wird so _____

Ich denke allerwärts an _____

Es ergießt sich in mein Herz ein _____

3 Ergänze die Angaben zum Gedicht.

A　Das Gedicht hat _____ Strophen. Jede Strophe hat _____ Verse.

B　Das Gedicht hat insgesamt _____ Verse.

C　Die Reimwörter sind: 1. Strophe __an__ und _____ , 2. Strophe „allerwärts" und _____ .

D　Die Reimwörter stehen im _____ .
　　　　　　　　　　　　　　　Paarreim / Kreuzreim

E　Das Wort „allerwärts" bedeutet _____ .
　　　　　　　　　　　　　　　　　　selten / kaum / überall

F　Mit dem Vers „Ein Meer von blauen Gedanken" ist gemeint, dass die verliebte Person

_____ .
　　　an den Himmel denkt / an die Augen der geliebten Person denkt

G　Ich finde das Gedicht gut / nicht so gut, weil _____

_____

„Was es ist" – Das Gedicht erkunden

1 Lies das Gedicht „Was es ist" (1983) von Erich Fried im Deutschbuch S. 131.

2 Welche Deutungen zum Gedicht findest du besonders passend? Markiere.
Tipp: Alle Aussagen könnten richtig sein.

Mit Liebe kann man alles schaffen.	Liebe ist stärker als alle Befürchtungen.
Liebe überwindet alle Schwierigkeiten.	Liebe ist das Wichtigste im Leben.
Wenn man liebt, stellt man keine Fragen mehr.	Die Liebe richtet sich nicht nach dem, was andere sagen.

3 Schreibe deine Meinung zum Begriff „ Liebe" auf.

Liebe ist _____

_____

Für mich ist Liebe, wenn _____

_____

_____

4 Im Gedicht „Was es ist" werden viele Bedenken und Einwände gegen die Liebe aufgeführt.
Ergänze die Satzanfänge aus dem Gedicht.
Tipp: Lies dazu die passenden Verse im Deutschbuch S. 131.

Die Vernunft sagt, es ist _Unsinn_ . Die Berechnung sagt, es ist _____ .

Die Angst sagt, es ist nichts _____ . Die Einsicht sagt, es ist _____ .

Der Stolz sagt, es ist _____ . Die Vorsicht sagt, es ist _____ .

Die Erfahrung sagt, es ist _____ . Die Liebe sagt, es ist _____ .

5 Schreibe neben die Nomen die entsprechenden Adjektive aus dem Kasten.

einsichtig · erfahren · vorsichtig · ängstlich · berechnend · vernünftig

die Vernunft: _____ die Berechnung: _____

die Angst: _____ die Einsicht: _____

die Vorsicht: _____ die Erfahrung: _____

„Rastlose Liebe" – Die Reimwörter im Gedicht ergänzen

Das Gedicht „Rastlose Liebe" wurde von Johann Wolfgang Goethe 1776 verfasst.
Goethe ist einer der berühmtesten Dichter in Deutschland. Er lebte von 1749 bis 1832 und
schrieb zahlreiche Gedichte, Theaterstücke und Romane.

1 Lies das Gedicht „Rastlose Liebe" im Deutschbuch S. 132.

2 Trage bei der 3. Strophe die Buchstaben für die Reimform ein.

1. Strophe			2. Strophe			3. Strophe		
	Regen	a		Leiden	a		fliehen	_____
	entgegen	a		schlagen	b		ziehen	_____
	Klüfte	b		Freuden	a		vergebens	_____
	Nebeldüfte	b		ertragen	b		Lebens	_____

3 In welcher Reimform sind die Strophen geschrieben? Markiere.

1. Strophe: Paarreim   Kreuzreim

2. Strophe: Paarreim   Kreuzreim

3. Strophe: Paarreim   Kreuzreim

4 Schreibe die fehlenden Reimwörter in das unvollständige Gedicht.
Tipp: Kontrolliere deine Lösungen mit dem Gedichttext im Buch.

> Freuden · entgegen · Ruh · eigen · Lebens · ziehen ·
> Nebeldüfte · du · ertragen · Schmerzen

1. Dem Schnee, dem Regen,

   Dem Wind _____,

   Im Dampf der Klüfte,

   Durch _____,

   Immer zu! Immer zu!

   Ohne Rast und _____ !

2. Lieber durch Leiden

   Möcht ich mich schlagen,

   Als so viel _____

   Des Lebens _____.

   Alle das Neigen

   Von Herzen zu Herzen,

   Ach, wie so _____

   Schaffet das _____ !

3. Wie soll ich fliehen?

   Wälderwärts _____ ?

   Alles vergebens!

   Krone des _____,

   Glück ohne Ruh,

   Liebe, bist _____ !

„Glückes genug" – Das Gedicht verändern

1 Lies das Gedicht.

Detlev von Liliencron

Glückes genug (1890)

Wenn sanft du mir im Arme schliefst,
Ich deinen Atem hören konnte,
Im Traum du meinen Namen **riefst,**
Um deinen Mund ein Lächeln **sonnte** –
5 Glückes genug.

Und wenn nach heißem, ernstem Tag
Du mir verscheuchtest schwere Sorgen,
Wenn ich an deinem Herzen **lag**
Und nicht mehr dachte an ein **Morgen** –
10 Glückes genug.

2 a Verbinde in den ersten vier Zeilen jeder Strophe die Reimwörter mit Bögen.

b In welcher Reimform sind diese Verse geschrieben? Kreuze an.

☐ Paarreim   ☐ Kreuzreim

3 Verändere das Gedicht zu Paarreimen und schreibe die passenden Verse in die Leerzeilen.
Tipp: Die Reimwörter der passenden Verse sind im Gedicht fett gedruckt.

Wenn sanft du mir im Arme **schliefst,**

_____

Ich deinen Atem hören **konnte,**

_____

Und wenn nach heißem, ernstem **Tag**

_____

Du mir verscheuchtest schwere **Sorgen,**

_____

4 Wähle beliebige Verse aus dem Gedicht aus und schreibe ein neues Gedicht.
Das Gedicht muss keine Reime haben, Gedichte gibt es auch ohne Reime.

Glückes genug _____

_____

_____

_____

Teste dich!

1 Lies das Gedicht „Nie mehr" (1988) von Ulla Hahn im Deutschbuch S. 134.

2 Kreise die Buchstaben vor den richtigen Aussagen zu dem Gedicht ein.

	Inhalt
S	Das Gedicht handelt vom Liebeskummer, den die Figur im Gedicht hat.
F	Das Gedicht beschreibt, wie glücklich die erzählende Figur durch die Liebe ist.
I	Das Gedicht handelt von der Sehnsucht, die jemand nach einer geliebten Person hat.
L	Im Gedicht wird deutlich, dass Liebe nicht nur Glück, sondern auch Leid bedeutet.
	Form
M	Das Gedicht hat vier Strophen mit je vier Versen.
B	Das Gedicht hat drei Strophen mit je vier Versen.
E	Die erste Strophe des Gedichts ist im umarmenden Reim (a, b, b, a) geschrieben.
O	Die erste Strophe des Gedichts ist im Paarreim (a, a, b, b) geschrieben.
R	Das Gedicht umfasst 12 Verse.
	Sprache
M	Die mehrfache Wiederholung von „Das hab ich nie mehr gewollt" macht deutlich, wie verzweifelt die Figur ist.
O	Das Sprachbild (die Metapher) „Briefe die triefen" könnte bedeuten, dass die Figur die Briefe weinend an die geliebte Person geschrieben hat.
N	Der Ausdruck „linksseitig" weist auf das Herz der Figur hin, denn das Herz schlägt in der linken Seite des Brustkorbs.
D	In der letzten Strophe des Gedichts wird deutlich, dass die Figur hin und her gerissen ist, aber trotzdem wieder mit der geliebten Person zusammen sein will.

3 Trage das Lösungswort ein.
Tipp: Das Lösungswort ist der Name einer Band.

„Glück (Liedchen)" – Das Gedicht erschließen

Im Gedicht „Glück (Liedchen)" (um 1811/12) werden die großen Glücksgefühle eines Menschen beschrieben, der verliebt ist.

1 Lies das Gedicht „Glück (Liedchen)" von Joseph von Eichendorff im Deutschbuch S. 135.

2 In dem Cluster steht, was die erzählende Figur im Gedicht denkt und fühlt.
Streiche die beiden unpassenden Aussagen durch.

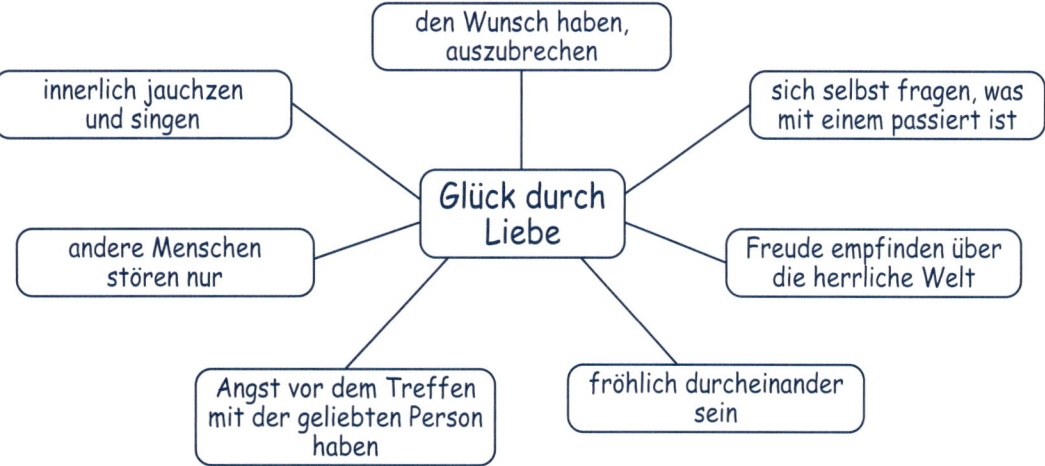

3 Unterstreiche die Aussagen, die du über das Glück durch die Liebe passend findest.

| nicht mehr gut schlafen | Kribbeln im Bauch haben | unruhig und durcheinander sein |

| ständig nur an die geliebte Person denken | immer zusammen sein wollen |

4 a Lies die einzelnen Verse des Gedichts.

　b Welche Gedanken haben die Leserinnen und Leser bei diesen Versen vielleicht? Schreibe auf.
　　Tipp: Hilfen findest du im Kasten unten.

| Wie jauchzt meine Seele
Und singet in sich! | _____ |

| Zu eng wird das Zimmer,
Wie glänzet das Feld, […] | _____ |

| Gepresst bricht die Freude
Durch Riegel und Schloss,
Fort über die Heide!
Ach, hätt ich ein Ross*! | _____ |

* **Ross:** ein Pferd

Figur etwa eingesperrt? · wahrscheinlich damals keine Autos, reiten? ·

Sehnsucht, nach draußen zu kommen · klingt fast wie Kirchenlied · singt leise

---

„Glück (Liedchen)" – Über das Gedicht schreiben

1 Lies das Gedicht „Glück (Liedchen)" noch einmal im Deutschbuch S. 135.

2 Ergänze die Angaben zum Gedicht.

Titel _____

Autor _____

Erschienen in den Jahren _____

Das Gedicht handelt von _____

_____

_____

Form des Gedichts:

Die Anzahl der Strophen: _____

Anzahl der Verse in den Strophen: _____

Das Reimschema: _____
Paarreim a, a, b, b / Kreuzreim a, b, a, b / umarmender Reim a, b, b, a

Die Reimwörter im Gedicht:

Seele _____   sich _____   drehen _____

gescheut _____   Zimmer _____   Feld _____

Freude _____   Schloss _____   sinn ich _____

geschehn _____

Inhalt des Gedichts:

In der _____ Strophe geht es um die Vorfreude auf das baldige Treffen.

In der _____ Strophe fühlt sich die Figur inmitten von anderen Menschen allein.

In der _____ Strophe möchte die Figur fort aus dem Haus, weiß nur nicht wie.

In der _____ Strophe wird das Glück durch Jauchzen und Singen beschrieben.

In der _____ Strophe schwärmt die Figur von der herrlichen Natur.

Ich finde das Gedicht „Glück (Liedchen)" gut/ schwierig/ altmodisch, denn _____

_____

„Du bist wie eine Blume" – Das Gedicht untersuchen

1 Lies das Gedicht.

Heinrich Heine

Du bist wie eine Blume (1827)

Du bist wie eine Blume,
So hold und schön und rein;
Ich schau dich an, und Wehmut*
Schleicht mir ins Herz hinein.

* die Wehmut:
die Traurigkeit

5   Mir ist, als ob ich die Hände
Aufs Haupt dir legen sollt,
Betend, dass Gott dich erhalte
So rein und schön und hold.

2 Ergänze die Sätze für die Analyse (Untersuchung) des Gedichts.

Das Gedicht hat den Titel _____ .

Der Autor des Gedichts heißt _____ .

Geschrieben wurde das Gedicht _____ .

Das Gedicht besteht aus _____ Strophen. Jede Strophe hat _____ Verse.

Das Gedicht hat insgesamt _____ Verse.

Es reimen sich in den Strophen jeweils Vers _____ und Vers _____ .

Im Gedicht „Du bist wie eine Blume" schildert eine verliebte Person, _____

_____ .

wie sehr sie eine andere Person liebt / dass sie Angst vor der Liebe hat

Es gibt im Gedicht ein Sprachbild. Die geliebte Person wird verglichen mit _____

_____ .

Die erzählende Figur im Gedicht ist _____ ,

glücklich / traurig / nachdenklich / feierlich

weil _____ .

die Liebe schnell vorbei sein kann / Schönheit und Jugend schnell vergehen

3 Was denkst du über das Gedicht? Schreibe deine Meinung auf.

Mir gefällt das Gedicht / Mir gefällt das Gedicht nicht, weil _____

_____ .

„Du bist wie eine Blume" – Über das Gedicht sprechen und schreiben

Über das Gedicht „Du bist wie eine Blume" wird in einer Klasse 9 diskutiert.
Die Diskussion zeigt, wie unterschiedlich die Meinungen zum Gedicht sind.

1 Lies die Redebeiträge der Schülerinnen und Schüler.

Die romantische Sprache **gefällt** <u>mir</u> gut.

Miriam

Ich meine, da **hat** jemand keine Ahnung von der Liebe.

Hannah

Jessica

Der Mann **verhält** sich wie ein Vater.

Der Mann **hat** großen Respekt vor der Frau.

Paul

Elvis

Ich **muss** bestimmt lachen bei diesen Worten.

Das Gedicht **ist** so wie Sprüche von <u>meiner</u> Oma.

Fee

Ich glaube, es **handelt** sich um Schwärmerei.

Jens

2 Schreibe die Sätze von der direkten Rede in die indirekte Rede.
Tipp: Die Verben verändern sich in der indirekten Rede vom Präsens zum Konjunktiv.

Miriam sagt, ihr <u>gefalle</u> _____

Hannah meint, da _____

Paul ist der Meinung, der Mann _____

Elvis findet, der Mann _____

Jessica denkt, sie _____

Fee äußert, das Gedicht _____

Jens glaubt, es _____

- habe •
- verhalte •
- gefalle •
- müsse •
- habe •
- sei •
- handele

3 **a** Schreibe die vollständigen Sätze mit der indirekten Rede ins Heft .

b Unterstreiche in den Sätzen die veränderten Verbformen im Konjunktiv.

„Willkommen und Abschied" – Gedichtverse einsetzen

1 Lies die kurze Inhaltsangabe des Gedichts „Willkommen und Abschied".

Im Gedicht „Willkommen und Abschied" (1810) von Johann Wolfgang Goethe macht
sich die erzählende Figur auf den Weg zu ihrer Geliebten. In den ersten beiden Strophen
geht es um die abenteuerliche Reise mit dem Pferd durch die Nacht. Der Reiter ist
voller Vorfreude und Mut und überwindet die Gefahren. In Strophe 3 kommt er glücklich
bei der Geliebten an und ist dort willkommen. Doch in Strophe 4 muss er schon wieder Abschied
nehmen. Obwohl er und seine Geliebte über den Abschied traurig sind, empfindet er Glück.
Er ist glücklich darüber, geliebt zu werden, und glücklich, selbst zu lieben.

2 Lies das Gedicht „Willkommen und Abschied" im Deutschbuch S. 143.

3 Setze die fehlenden Verse der dritten Strophe ein.

Dich sah ich, und die milde Freude
Floss von dem süßen Blick auf mich;

_____

_____

Ein rosenfarbnes Frühlingswetter
Umgab das liebliche Gesicht,

_____

_____

4 Schreibe deine Meinung zum Gedicht auf.

Mir gefällt das Gedicht sehr / nicht so gut / ein wenig, denn _____

_____

_____

5 Schreibe die Inhaltsangabe des Gedichts „Willkommen und Abschied" von Aufgabe 1 ins Heft.

6 a Ergänze die Reimwörter (Kreuzreime) der ersten beiden Strophen des Gedichts.

  b Schreibe die Reimwörter der letzten beiden Strophen ins Heft.

Pferde _____   gedacht _____   Eiche _____

da _____   Wolkenhügel _____   hervor _____

Ungeheuer _____   Mut _____

8 „Andorra"

Den Handlungsort des Dramas kennen lernen

Das Drama „Andorra" von Max Frisch spielt **in dem erfundenen Land Andorra,**
das nichts mit dem kleinen Land in den Pyrenäen zu tun hat.

1 Lies die Inhaltsangabe der ersten Szene des Theaterstücks (Erstes Bild, Auszug 1).

Barblin, die Tochter des Lehrers, streicht eine Wand ihres Elternhauses in Andorra weiß an.
Ein Soldat steht bei ihr und belästigt sie mit Blicken und Worten. Barblin beschwert sich darüber.
Sie schimpft mit ihm und erklärt, dass sie verlobt ist. Der Soldat Peider glaubt ihr nicht. Er will
wissen, wo ihre Kammer ist.

5 Ein Pater kommt hinzu. Er lobt Barblin und freut sich auf **ein weißes Andorra** für den kirchlichen
Feiertag am nächsten Tag. Nach Meinung des Soldaten ist die Kirche aber gar nicht so unschuldig.
Er glaubt, dass sie für viele schlimme Taten verantwortlich ist. Nach diesen Worten geht
der Soldat.
Barblin redet mit dem Pater über die **„Schwarzen".** Sie sind **ein mächtiges Nachbarvolk**

10 **von Andorra.** Barblin fragt den Pater, ob die „Schwarzen" wirklich neidisch auf die weißen Häuser
in Andorra sind. Die Leute haben deswegen nämlich Angst, dass die „Schwarzen" Andorra
überfallen.
Der Pater ist besorgt über dieses Gerücht. Barblins Vater hat es in der Kneipe des Dorfes verbreitet.
Der Lehrer erzählt dort, dass die Leute aus Andorra auch nicht besser sind als die Schwarzen

15 im Nachbarland. Dann erklärt der Pater Barblin, dass sie auch keine Angst um Andri haben muss.
Andri lebt als Pflegesohn in Barblins Familie. Er wird nicht verfolgt, sagt der Pater. Barblin hört
aufmerksam zu. Der Pater will wissen, ob Barblin wirklich verlobt ist. Barblin schweigt. Er fragt sie
nach dem Soldaten. Da beruhigt Barblin ihn: Sie hat kein Interesse an Peider. Anschließend
versucht der Pater, Barblin die Angst vor den Schwarzen zu nehmen. Seiner Meinung nach

20 gibt es für die Schwarzen keinen Grund, Andorra zu überfallen. Denn Andorra ist ein **schönes,
aber** auch **sehr armes und frommes Land.** Barblin streicht schweigend weiter die Wand.
Der Pater bittet sie, auf ihren Vater aufzupassen. Er soll am Feiertag nicht betrunken sein.
Dann fährt der Pater davon.

2 Lies die erste Szene des Dramas im Deutschbuch S. 148 bis 149.

3 Ergänze die Satzanfänge über den Beginn des Dramas.
Tipp: Achte auf die hervorgehobenen Textstellen.

Das Drama spielt _____ .

Die Szene findet statt vor dem Elternhaus von _____ .

Der Pater freut sich auf _____ .

Die Schwarzen sind _____ .

Der Pater sagt, Andorra sei ein _____ .

Die Figuren des Dramas beschreiben

1 Lies die Inhaltsangabe der Szene von Andri und dem Soldaten (Erstes Bild, Auszug 2).

Andri trifft den Soldaten Peider. Der Soldat fragt ihn, wo seine Schwester Barblin ist.
Andri antwortet, dass er keine Schwester hat. Daraufhin **erzählt ihm der Soldat von
seinem Interesse an Barblin.** Als Andri gehen möchte, stellt ihm der Soldat ein Bein. Andri stürzt.
Der Soldat erklärt ihm, **dass er ein Soldat ist** und **Andri ein Jude. Er meint, ein Jude muss sich**
5 **beliebt machen.** Andri versucht **abermals zu gehen.** Doch der Soldat hält ihn auf. Andri zeigt
Peider seinen Lohn von der Tischlerei. Der Soldat schlägt ihm das Geld aus der Hand. Dann erklärt
er ihm, **dass ein Jude immer nur ans Geld denkt.** Der Soldat **fragt** sich laut, **ob er für einen wie ihn
kämpfen soll.** Er selbst **hat als Andorraner keine Angst vor den Schwarzen.** Selbst wenn sie
mit Fallschirmen vom Himmel fallen. Seiner Meinung nach **ist Andri feige,** weil er ein Jude ist.
10 Dann will der Soldat gehen. Andri **bittet ihn,** nicht zu Barblin zu gehen. Denn **Barblin ist seine
Braut.** Der Soldat grölt derbe Sprüche über das, was er mit Barblin vorhat. Andri **nennt ihn
wegen dieser Reden ein Vieh.** Damit macht sich **Andri bei Peider nicht beliebt.**

2 Wie reagiert der Soldat, als Andri ihm den Tischlerlohn zeigt? Markiere die Stelle im Text.

3 Lies die Szene des Dramas im Deutschbuch S. 151 bis 152.

4 Beantworte die Fragen zu den Figuren der Szene in
Stichworten.
Tipp: Achte auf die hervorgehobenen Textstellen.

Was erfährst du in der Szene über Andri?

_____

_____

Was erfährst du über den Soldaten Peider? _____

_____

_____

Was sagt der Soldat über Juden? _____

_____

Wie verhält sich Andri gegenüber den Worten und Angriffen des Soldaten? ____

_____

_____

Eine Szene lesen und verstehen

1 Lies die Inhaltsangabe der Szene in der Tischlerwerkstatt (Drittes Bild, Auszug).

Andri und der Tischlergeselle Fedri unterhalten sich in der Werkstatt. Andri erzählt dem Gesellen,
dass er in der Fußballmannschaft von Andorra mitspielen möchte. Der Geselle will ihm helfen,
die nötige Ausrüstung zu beschaffen. Andri findet es toll, dass Fedri sein Freund ist.
Der Geselle überprüft den Stuhl, den Andri getischlert hat. Er sagt, dass Andri Glück hat,
5 weil er die Stuhlbeine nicht herausreißen kann. Andri antwortet stolz, dass jeder Stuhl gut
mit Zapfen verbunden ist. Denn nur was geleimt ist, geht aus dem Leim.
Der Tischler kommt hinzu und schickt den Gesellen an die Arbeit. Dann nimmt er den geleimten
Stuhl des Gesellen und reißt die Stuhlbeine heraus. Er schimpft über die schlechte Arbeit,
die angeblich von Andri ist. Seiner Meinung nach hat Andri das Tischlern nicht im Blut.
10 Der Tischler fragt Andri, warum er nicht in den Verkauf geht. Andri erklärt dem Meister,
dass dieser Stuhl nicht von ihm gezimmert wurde. Der Geselle Fedri kommt wieder hinzu.
Er soll dem Tischler zeigen, welchen Stuhl er gezimmert hat. Der Geselle gibt nicht zu, dass er
den schlecht geleimten Stuhl gemacht hat. Andri schweigt zu diesen Worten. Der Tischler
wiederholt, dass Andri nicht in eine Werkstatt gehört.
15 Andri ist wütend. Er beschwert sich über die Gemeinheit des Tischlers. Obwohl er Angst
vor dem Tischler hat, bezeichnet er ihn als Lügner. Er fragt, weshalb er kein Recht bekommt und
wieso immer alles gegen ihn gedreht wird. Der Tischler hört sich die Klagen ruhig an. Dann erklärt
er, dass er Andri nicht entlassen möchte. Er soll nur in den Verkauf versetzt werden. Der Tischler
will Andri zeigen, wie man Bestellungen schreibt. Dabei kann Andri viel mehr Geld verdienen.
20 Juden haben nach Meinung des Tischlers Geld im Blut. Der Tischler erklärt, dass er
es nur gut mit Andri meint.
Als der Tischler die Werkstatt verlässt, steht Andri reglos da. Dann murmelt er zu sich selbst,
dass er aber Tischler werden wollte.

2 Lies die Szene des Dramas im Deutschbuch S. 154 bis 156.

3 Kreuze an, welche Aussagen deiner Meinung nach für diese Szene passend sind.

☐ Der Geselle hat Angst vor der Entlassung, wenn er die Wahrheit sagt.

☐ Der Geselle ist Andris Freund und will ihm helfen.

☐ Der Geselle ist hinterhältig, er schadet Andri absichtlich.

☐ Der Tischler weiß genau, dass Andri den guten, gezapften Stuhl getischlert hat.

☐ Der Tischler denkt, sein Geselle hat den guten, gezapften Stuhl getischlert.

☐ Der Tischler meint es gut mit Andri, denn er kennt seine Fähigkeiten besser als Andri selbst.

☐ Der Tischler ist unehrlich und gemein zu Andri.

☐ Andri stellt klar, dass er den guten, gezapften Stuhl getischlert hat.

☐ Andri ist verzweifelt, denn alles dreht sich gegen ihn.

☐ Andri hat Angst vor dem Tischler.

4 Sprecht in Partnerarbeit über eure Lösungen und begründet eure Meinungen.

Dialoge für eine Szene schreiben

Das Drama „Andorra" besteht wie alle Theaterstücke vor allem aus Dialogen. Aus den Dialogen in den Szenen erschließt sich der Inhalt des Theaterstücks.

1 Schreibe Sätze aus der Inhaltsangabe auf S. 96 von der indirekten Rede in die direkte Rede um.
Tipp: Überprüfe deine Lösungen mit den Dialogen im Dramentext im Deutschbuch S. 154 bis 156. Die Zeilenangaben helfen dir dabei.

1. Andri findet es toll, dass Fedri sein Freund ist.

    Andri sagt zu Fedri: **„Es ist toll, Fedri, dass du mein Freund bist."**   (Zeilen 32–33)

2. Der Tischler fragt Andri, warum er nicht in den Verkauf geht.

    Der Tischler fragt Andri: _____   (Z. 66–67)

3. Andri erklärt dem Meister, dass dieser Stuhl nicht von ihm gezimmert wurde.

    Andri erklärt dem Meister: _____   (Z. 77)

4. Der Geselle soll dem Tischler zeigen, welchen Stuhl er gemacht hat.

    Der Tischler fordert den Gesellen auf: _____   (Z. 111)

5. Der Tischler wiederholt, dass Andri nicht in eine Werkstatt gehört.

    Der Tischler sagt zu Andri: _____   (Z. 125)

6. Andri ist wütend und beschwert sich über die Gemeinheit des Tischlers.

    Andri sagt zum Tischler: _____   (Z. 131)

7. Der Tischler will Andri zeigen, wie man Bestellungen schreibt.

    Der Tischler sagt zu Andri: _____   (Z. 157)

8. Der Tischler erklärt, dass er es nur gut mit Andri meint.

    Der Tischler erklärt Andri: _____   (Z. 168)

Eine Rollenbeschreibung ausfüllen

Der Soldat Peider hat Andri als Jude bezeichnet. Er behauptet, dass Juden nur ans Geld denken und feige sind (s. Erstes Bild, Auszug 2). Auch der Tischler hat Vorurteile gegenüber Andri (s. Auszug Drittes Bild). Er glaubt, dass Juden das Geldverdienen im Blut haben.
Solche Aussagen bezeichnet man auch als Judenfeindlichkeit oder Antisemitismus.

1 Lies die Angaben zum Begriff Antisemitismus.

Als Antisemitismus (oder Judenfeindlichkeit) wird die Ablehnung von Juden oder des Judentums bezeichnet. Diese Einstellung äußert sich mit immer wieder vorgebrachten Vorurteilen gegenüber Juden. Juden gelten als angeblich feige, geldgierig und geizig. Sie werden als Schnorrer, Ausbeuter und heimliche Weltherrscher angesehen und beschimpft. Diese Vorurteile wirken zum Teil bis heute. Menschen, die daran glauben, bezeichnet man als Antisemiten.
Der Antisemitismus führte in der Zeit des Nationalsozialismus unter Adolf Hitler zur systematischen Tötung von über sechs Millionen jüdischen Menschen.

2 Was wisst ihr über den Nationalsozialismus? Sprecht darüber in Partnerarbeit.

3 Lies die Informationen über die Figur Andri im Drama „Andorra".

Andri ist der 20-jährige Pflegesohn des Lehrers Can.
Er liebt Barblin, die Tochter des Lehrers. Auch der Soldat Peider interessiert sich für Barblin. Der Lehrer gibt Andri als jüdisches Kind aus, das er vor den „Schwarzen" gerettet hat.
5 Die „Schwarzen" sind ein mächtiges Nachbarvolk von Andorra. Sie verfolgen Juden und töten sie. In Wirklichkeit ist Andri aber der leibliche Sohn des Lehrers. Er stammt aus einer heimlichen Liebschaft zwischen ihm und einer „Schwarzen", die Senora genannt wird. In Andorra werden die Juden nicht verfolgt. Es gibt aber auch
10 dort viele antisemitische Vorurteile. Daher hat der Tischler Andri nur ungern als Lehrling angenommen. Er ist der Meinung, dass Juden keine handwerklichen Fähigkeiten besitzen.

4 Trage die passenden Angaben in die Rollenbeschreibung von Andri ein.

Name: _____   Alter: _____   Geschlecht: _____

In wen ist Andri verliebt? _____

Was hat der Lehrer Can über Andri gesagt?

_____

_____

Wer ist Andri in Wirklichkeit? _____

_____

Den weiteren Handlungsverlauf des Theaterstücks kennen lernen

1 Lies die Zusammenfassung über die weitere Handlung des Theaterstücks.

Andri hat das Angebot des Tischlers, im Verkauf zu arbeiten, nicht angenommen.

Stattdessen arbeitet er nun wieder als Küchenjunge in der Kneipe.

Bei einer Untersuchung beim Doktor äußert dieser viele Vorurteile gegenüber Juden.

Er weiß nicht, dass Andri als Jude gilt. Andri verlässt wortlos den Raum.

5 Endlich hat Andri den Mut gefunden, beim Lehrer um Barblins Hand anzuhalten. Die Mutter

ist erfreut darüber, doch der Vater lehnt ab. Er kann nicht zustimmen, weil Andri und Barblin

Halbgeschwister sind. Andri weiß das aber nicht. Er glaubt, dass nun auch sein Adoptivvater

etwas gegen Juden hat. Enttäuscht läuft er von zu Hause weg.

Bei einem Gespräch zwischen Vater und Sohn versucht der Lehrer, Andri die Wahrheit zu sagen.

10 Doch Andri glaubt dem betrunkenen Vater nichts mehr.

Der Vater bittet den Pater, Andri aufzuklären. Doch Andri kann mit den Worten des Paters nichts

anfangen. Nachdem er so lange als Jude angesehen wurde, fühlt er sich auch wie ein Jude.

Inzwischen ist die leibliche Mutter von Andri, die Senora, nach Andorra gekommen. Sie möchte

Andri finden. Doch die Senora wird ermordet. Alle glauben, dass Andri, „der Jude", diese Tat

15 begangen hat. Schließlich marschieren die „Schwarzen" in Andorra ein. Alle Leute aus Andorra,

bis auf Barblin und ihr Vater, werden zu Mitläufern bei den „Schwarzen". Der Soldat Peider tritt

in die Dienste der neuen Besatzer ein.

Die „Schwarzen" veranstalten eine „Judenschau". Alle Andorraner müssen barfuß und verhüllt

über den Platz laufen. Die „Judenschauer" wollen Juden an ihrem Gang erkennen. Bei dieser Schau

20 wird Andri als Jude „erkannt". Er wird von den „Schwarzen" verschleppt und getötet. Barblin wird

als „Judenbraut" kahlrasiert und beleidigt. Andris Vater, der Lehrer Can, begeht Selbstmord.

2 Wer wird für den Tod der Senora verantwortlich gemacht? Markiere die Stelle im Text.

3 Kreuze an, wer nach deiner Meinung vor allem Schuld an Andris Tod hat.
Tipp: Du kannst auch mehrere Aussagen ankreuzen.

☐ Der Lehrer Can, weil er seinen leiblichen Sohn als Judenkind ausgegeben hat.

☐ Die Menschen aus Andorra, die Andri mit Vorurteilen begegnet sind.

☐ Die „Schwarzen", weil sie in ein Land einmarschieren und Juden töten.

☐ Die Menschen aus Andorra, die zu Mitläufern der „Schwarzen" werden.

☐ Die Senora, die nicht früher nach ihrem Sohn Andri in Andorra gesucht hat.

4 Sprecht in Partnerarbeit über eure Lösungen und begründet eure Meinung.

Eine Theaterkritik über das Drama verstehen

Nachdem die Schülerinnen und Schüler der Klassen 9 und 10 das Drama „Andorra"
im Unterricht behandelt hatten, konnten sie sich das Theaterstück auf der Bühne ansehen.
Über die Aufführung haben sie eine Theaterkritik geschrieben.

1 Lies die gekürzte Fassung der Theaterkritik.

Julia Boes, Noel Uhlemann (Klasse 10)

Max Frischs „Andorra" – Theaterkritik

Die Geschichte des Dramas behandelt die Ausgrenzung und Diskriminierung*
von Menschen. Es geht im Stück um den jungen Andri, der fälschlicherweise
als Jude angesehen wird.
Andri muss deshalb mit Vorurteilen und schlechter Behandlung leben. Er versucht
5 sich am Anfang noch gegen diese Behandlung zu wehren. Doch dann gibt er auf.
Er fügt sich in die Rolle eines verfolgten Juden. Dies führt Andri letzten Endes in den Tod.
Die Theatergruppe bestand aus vier Schauspielern. Die Schauspieler hielten sich
bei der Aufführung sehr eng an den Text des Dramas. Die meisten Dialoge der Szenen wurden
fast wörtlich übernommen. Allerdings fehlten auch wichtige Szenen, zum Beispiel die Szene
10 von Andris Tod.
Alle Figuren des Dramas wurden von den vier Schauspielern übernommen. Das führte
in der Umsetzung zu Verwirrung, denn viele Figuren wurden von demselben Darsteller gespielt.
Die Volksmusik in dem Theaterstück stieß ebenfalls auf Kritik. Diese Musik sollte die Alltagsnähe
des Geschehens deutlich machen. Doch sie führte eher zu Heiterkeit. Das war besonders
15 bei den ernsten Teilen des Stückes fehl am Platz.
Letztlich war die Aufführung aber doch gelungen. Die Schauspieler konnten die Aussage
des Dramas überzeugend vermitteln. So wurden die Darsteller mit Beifall belohnt.
Insgesamt kann man sagen, dass diese Bühnenaufführung eine unterhaltsame Umsetzung
des Dramas „Andorra" von Max Frisch war und die Zuschauer beeindruckt hat.

*die Diskriminierung:
die Herabwürdigung,
Beschuldigung

2 Lies den vollständigen Text der Theaterkritik im Deutschbuch S. 158.

3 Beantworte die Fragen zum Text in Stichworten.

Welche Geschichte behandelt das Drama „Andorra"?

_____

Wurde das Theaterstück von den Schauspielern frei oder eng am Text umgesetzt?

_____

Welche wichtige Szene fehlte bei der Aufführung?

_____

Wie wurde die Volksmusik als Musikauswahl von den Zuschauern eingeschätzt?

_____

Teste dich!

1 Lies die Inhaltsangabe der Szene mit dem Doktor (Viertes Bild, Auszug 1).

Andri wird vom Doktor untersucht. Der Doktor steckt ihm einen Löffel in den Hals und meint, es sei eine Entzündung. Dann lobt er Andri, weil dieser mit dem Löffel im Hals „Aaaaaa-Aaaandorra" sagt. So müsse es tönen, meint er, dass jeder Jude in den Boden versinke, wenn er den Namen des Landes Andorra höre. Andri zuckt zusammen. Seine Mutter will ihn
5 beruhigen, aber Andri steht auf und fragt, was das heißen solle.
Der Doktor äußert, dass er im Gegensatz zu Andri die Juden kenne. Wo man hinkäme, **sei schon einer, der alles wisse.** Und ein **einfacher Mensch** aus Andorra **könne einpacken.** Das **Schlimme** am Juden **sei sein Ehrgeiz. Überall** in der Welt **säßen sie auf den Lehrstühlen. Leuten wie ihm bliebe nichts übrig,** nur die Heimat. Er habe nichts gegen Juden, er sei nicht für Greuel. Er habe
10 auch schon Juden gerettet, obwohl er sie nicht riechen könne. Und was sei der Dank? Sie ändern sich nicht, sie hocken weiter auf den Lehrstühlen der Welt. Sie seien nicht zu ändern.

2 Lies die Szene mit dem Doktor (Viertes Bild, Auszug 1) im Deutschbuch S. 159.

3 Kreise die Buchstaben vor den richtigen Aussagen ein.

S	Der Doktor weiß nicht, dass Andri Jude ist.
B	Der Doktor weiß, dass Andri Jude ist. Er will ihn bewusst beleidigen.
Z	Der Doktor macht antisemitische Äußerungen.
E	Andri wehrt sich nicht gegen die Vorurteile des Doktors, sondern verlässt den Raum.
A	Andri wehrt sich gegen die Vorurteile und widerspricht dem Doktor deutlich.
N	Der Doktor ist Antisemit und keiner widerspricht ihm.
E	Die Mutter macht sich Sorgen um Andri. Aber sie hilft ihm mit ihrem Verhalten nicht.

4 Trage das Lösungswort ein.

5 Schreibe die Textstellen auf, in denen der Doktor Vorurteile gegenüber Juden nennt.
Tipp: Achte auf die hervorgehobenen Textstellen.

Die Gedanken einer Figur in einer Szene verstehen

1 Lies die Inhaltsangabe der nächsten Szene (Viertes Bild, Auszug 2) aus dem Drama „Andorra".

Andri erklärt den Eltern, dass Barblin und er gern heiraten möchten. Der Lehrer lässt vor Schreck das Brot fallen. Die Verlobung soll sofort sein. Damit es alle wissen und nicht mehr hinter Barblin herlaufen. Der Lehrer ist wie erstarrt. Die Mutter hat das kommen sehen. Andri erklärt dem Vater, dass er und Barblin schon seit der Kindheit vom Heiraten reden. Am Anfang haben sie gedacht,
5 dass sie Bruder und Schwester sind. Aber die Mutter hatte ihnen erklärt, dass er ein gerettetes Judenkind ist. Darüber war er so froh gewesen, dass er es allen erzählt hat.
Endlich antwortet der Vater, dass Andri und Barblin nicht heiraten können. Barblin weint. Sie kündigt an, sich dann umzubringen. Die Mutter schimpft sie deswegen aus. Barblin läuft hinaus. Der Lehrer bezeichnet Barblin als ein Huhn. Seiner Meinung nach wird Andri genug
10 andere Mädchen finden. Die Mutter sagt, dass es doch ein großes Glück ist, wenn Andri Barblin heiratet. Sie unterstellt dem Lehrer Eifersucht auf die Jungen und auf das Leben, das ohne ihn weitergeht. Der Lehrer beharrt, dass Barblin noch ein Kind ist. Die Mutter fragt mehrmals, warum der Lehrer die Heirat nicht will. Er gibt keine Antwort. Deshalb glaubt Andri, dass der Lehrer ihn ablehnt, weil er Jude ist. Der Lehrer regt sich darüber auf, jeden Tag und überall nur
15 noch das Wort Jude zu hören. In seinen Augen gibt es genug andere Gründe gegen die Hochzeit. Die Mutter fordert ihn auf, andere Gründe zu nennen. Doch der Lehrer nimmt seinen Hut und geht. Die Mutter befürchtet, dass er jetzt wieder bis Mitternacht trinken wird. Da geht auch Andri weg. Die Mutter klagt, dass jetzt alle auseinander sind.

2 Lies die Szene im Deutschbuch S. 160 bis 161.

3 Was denkt Andri nach diesem Gespräch? Lies die Gedanken von Andri.

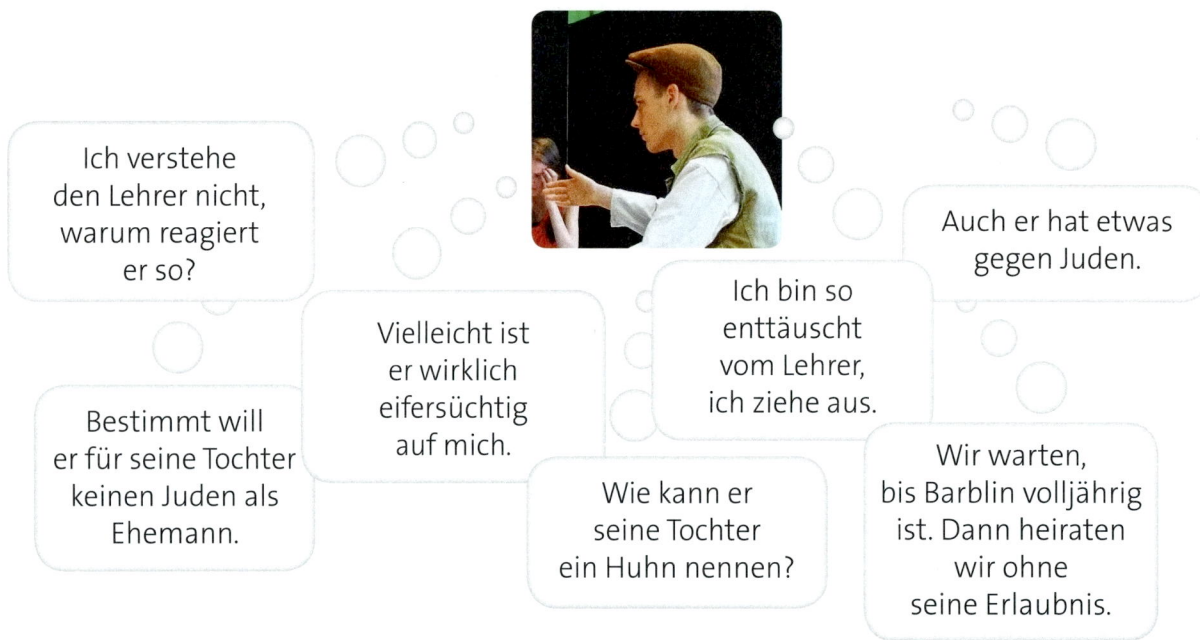

Ich verstehe den Lehrer nicht, warum reagiert er so?

Auch er hat etwas gegen Juden.

Vielleicht ist er wirklich eifersüchtig auf mich.

Ich bin so enttäuscht vom Lehrer, ich ziehe aus.

Bestimmt will er für seine Tochter keinen Juden als Ehemann.

Wie kann er seine Tochter ein Huhn nennen?

Wir warten, bis Barblin volljährig ist. Dann heiraten wir ohne seine Erlaubnis.

4 **a** Welche Sätze findest du passend? Kreise ein.

   b Was könnte Andri noch denken?
   Schreibe die ausgewählten und die eigenen Gedanken ins Heft.

Die Inhaltsangabe einer Szene schreiben

1 **a** Lies die Satzteile für eine eigene kurze Inhaltsangabe der Szene vom Mittagstisch. Die Satzteile stehen nicht in der richtigen Reihenfolge.

b Lies auch den Informationskasten unten.

c Verbinde die passenden Satzteile für ein Satzgefüge aus Hauptsatz und Nebensatz.

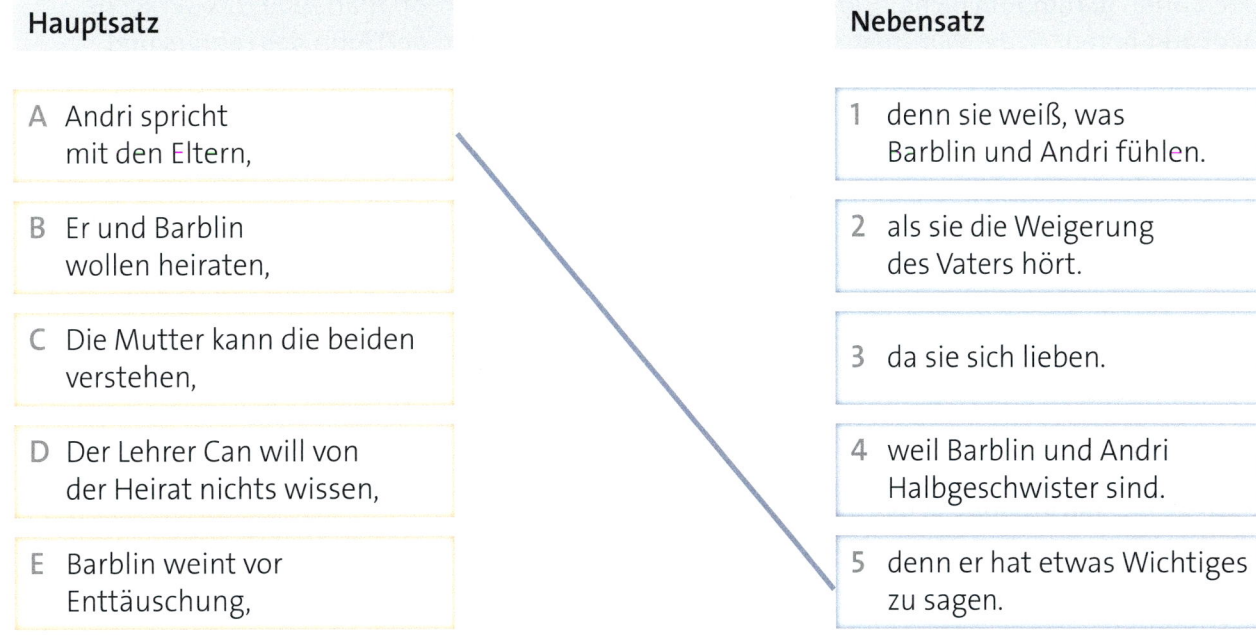

Hauptsatz	Nebensatz
A Andri spricht mit den Eltern,	1 denn sie weiß, was Barblin und Andri fühlen.
B Er und Barblin wollen heiraten,	2 als sie die Weigerung des Vaters hört.
C Die Mutter kann die beiden verstehen,	3 da sie sich lieben.
D Der Lehrer Can will von der Heirat nichts wissen,	4 weil Barblin und Andri Halbgeschwister sind.
E Barblin weint vor Enttäuschung,	5 denn er hat etwas Wichtiges zu sagen.

2 Schreibe die vollständigen Sätze auf. Denke an das Komma zwischen den Satzteilen.

Andri spricht mit den Eltern, denn er hat etwas Wichtiges zu sagen.

Information **Satzgefüge: Hauptsatz und Nebensatz**

Ein **Satzgefüge** besteht aus einem **Hauptsatz** und mindestens einem **Nebensatz.**
Nebensätze werden oft mit Konjunktionen (Bindewörtern) eingeleitet, zum Beispiel:
denn, weil, da, als, obwohl, damit.

Nebensätze werden **immer durch ein Komma** vom Hauptsatz getrennt.

Ein Flussdiagramm für eine Szene anfertigen

1 Lies die Inhaltsangabe der Szene (Neuntes Bild, Auszug) aus dem Drama „Andorra".

Der Pater **spricht mit Andri über seine Herkunft.** Er erklärt ihm, **dass er auch nichts davon gewusst hat,** was damals wirklich geschehen ist. Alle hielten die Rettung des Judenkindes für eine christliche Tat des Lehrers. Doch dann **tauchte Andris Mutter auf.** Andri fragt den Pater, wer gekommen ist. Der Pater erklärt, dass die Senora seine Mutter ist und **Andri kein Jude.**
5 Doch Andri **glaubt ihm nicht.** Andri meint, dass man fühlen kann, ob man Jude ist oder nicht. Der Pater beteuert, die Wahrheit zu sagen. Er schwört, dass Andri **der Sohn des Lehrers und der Senora ist.** Andri antwortet dem Pater, ihm wurde immer erklärt, **dass er anders ist.** Er hatte darauf geachtet, ob es stimmt. Und festgestellt: **Es stimmt, er ist anders.** Alle haben ihm vorgeworfen, immer nur an Geld zu denken. Damit haben sie Recht. Er denkt immer ans Geld.
10 Sie haben ihm Angst unterstellt und sie haben Recht. Er hat Angst und ist feige. Er weiß zwar, dass auch andere feige sind. Aber er weiß genau, wenn er feige ist. Und er hat keine Heimat. Der Pater hat ihm selbst gesagt, dass **man annehmen muss, was man ist.** Und er hat es angenommen. Nun muss der Pater ihn auch **als Juden annehmen.**

2 Lies die Dramenszene im Deutschbuch S. 166.

3 Ergänze die Satzanfänge in den Sätzen des Flussdiagramms.
Tipp: Achte auf die hervorgehobenen Sätze in der Inhaltsangabe.

Der Pater _____
↓

Er erklärt ihm, _____
↓

Doch dann _____
↓

Der Pater erklärt ihm, _____
↓

Doch Andri _____
↓

Der Pater schwört, dass Andri _____
↓

Andri antwortet, ihm wurde immer erklärt, _____
↓

Er hat festgestellt, _____
↓

Und der Pater hat ihm gesagt, _____
↓

Nun muss der Pater ihn _____

Einen Text über eine Dramenszene richtig schreiben

1 Lies den Text über die Dramenszene zwischen Andri und dem Pater.
Die Textteile stehen in einer falschen Reihenfolge.

Insgesamt zeigt die Szene, wie stark Vorurteile auf Menschen einwirken können. So hat selbst Andri die falschen Sichtweisen über Juden für sich übernommen.	Das Drama „Andorra" von Max Frisch (1961) behandelt die Ausgrenzung und Beschuldigung von Menschen. Es geht im Theaterstück um das Unglück, das durch negative Vorurteile entstehen kann.

Die Szene zwischen Andri und dem Pater findet nach der Szene mit den Eltern statt. Andri glaubt den Worten des Paters nicht. Nachdem er die Vorurteile über Juden an sich überprüft hat, denkt er, sie könnten für ihn stimmen. Andri sagt dem Pater, dass er als Jude angesehen werden will.

2 Schreibe den Text in der richtigen Reihenfolge auf.

Einleitung _____

_____

_____

_____

Hauptteil _____

_____

_____

_____

_____

_____

Schluss _____

_____

_____

_____

3 Überprüfe den Aufbau und Inhalt des Textes mit der Checkliste im Deutschbuch S. 168.

9 Kommunikation in den Medien

Einen Sachtext untersuchen

1 Lies den Text über die „Lochis".

Nina Pauer und Kilian Trotier

Ihr checkt's net

Zwei Jungs vor dem Rechner, Cola, Chips und Energydrinks,
auf dem Bildschirm ein Gangsterspiel und kein Bock auf Schule.
So sieht der Alltag von Heiko und Roman Lochmann aus.
Die 14-jährigen Zwillinge haben auf YouTube Karriere gemacht.
5 Sie nennen sich die „Lochis".
Über 600 000 Abonnenten hat ihr eigener Kanal. Fast neunzig
Millionen Mal wurden ihre Videos in den letzten Jahren
angeklickt. Jeden Samstag um 14:30 Uhr laden die *Lochis*
selbst komponierte Lieder und Telefonstreiche hoch.
10 Die Zwillinge beantworten von ihrem Sofa aus die Fragen
ihrer Fans auf Twitter. Die *Lochis* sprechen auch über die Probleme ihrer Eltern
mit den digitalen Medien. Sie sagen, ihre Mutter würde die Sache nicht checken.
In ihren Clips stellen sie viele Erwachsene so dar, dass sie nicht einmal
ein Smartphone bedienen können. Ihre Sketche sind häufig im Dialekt.
15 Ihre Freunde spielen die Rollen. Der größte Erfolg der Lochis heißt „Durchgehend online".
Der Clip wurde auf YouTube fast sechs Millionen Mal angeklickt. Ihre Filme
drehen sie zu Hause und in den Straßen von Frankfurt.
Das Equipment* haben sie sich in den letzten Monaten neu gekauft.
Ihre Kamera wird schon bei Filmproduktionen eingesetzt. Das ist „total fett",
20 meint Heiko. Mittlerweile sind die *Lochis* als Partner von YouTube auch
am Werbegewinn beteiligt. Sie sind damit zu einer Marke geworden.

* **das Equipment:**
die Ausrüstung

2 Der Text enthält sachliche und persönliche Informationen.
Ergänze die Sätze mit den **sachlichen Informationen** über die *Lochis*.

Der eigene Kanal der *Lochis* auf YouTube hat _____

Angeklickt wurden ihre Videos _____

Die *Lochis* laden jeden Samstag _____

_____

Der größte Erfolg der *Lochis* _____

Ihre Filme drehen _____

_____

Die *Lochis* sind mittlerweile _____

_____

Ein Diagramm auswerten

1 Das Diagramm informiert über die Aktivitäten von Jugendlichen im Internet.
Lies die Angaben.

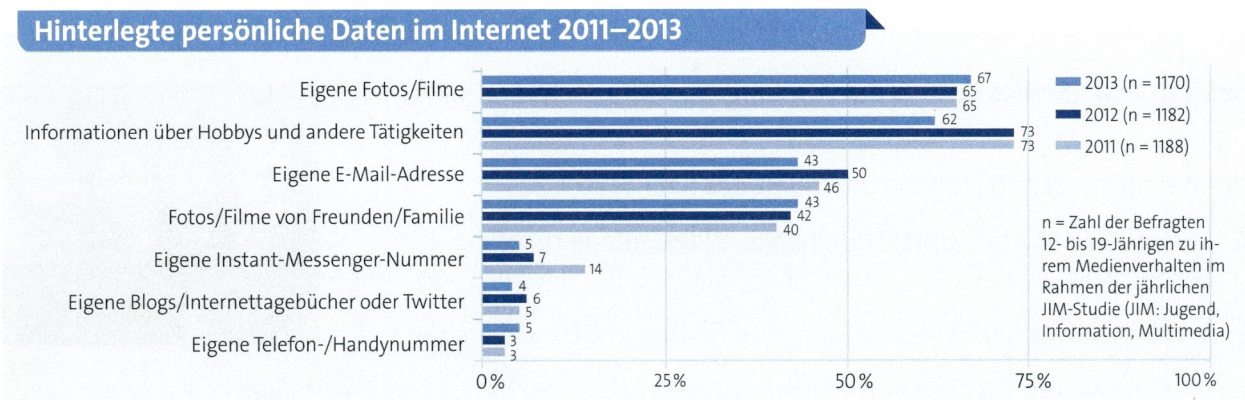

Hinterlegte persönliche Daten im Internet 2011–2013

	2013 (n = 1170)
	2012 (n = 1182)
	2011 (n = 1188)

Eigene Fotos/Filme — 67 / 65 / 65
Informationen über Hobbys und andere Tätigkeiten — 62 / 73 / 73
Eigene E-Mail-Adresse — 43 / 50 / 46
Fotos/Filme von Freunden/Familie — 43 / 42 / 40
Eigene Instant-Messenger-Nummer — 5 / 7 / 14
Eigene Blogs/Internettagebücher oder Twitter — 4 / 6 / 5
Eigene Telefon-/Handynummer — 5 / 3 / 3

n = Zahl der Befragten 12- bis 19-Jährigen zu ihrem Medienverhalten im Rahmen der jährlichen JIM-Studie (JIM: Jugend, Information, Multimedia)

0 %   25 %   50 %   75 %   100 %

2 a Welche Daten würdest du selbst ins Internet stellen?
Markiere sie im Balkendiagramm grün.

b Welche Daten würdest du nicht veröffentlichen? Markiere sie rot.

3 a Welche Aussagen über den Inhalt des Diagramms sind richtig?
Kreise die Buchstaben ein.

V	Die meisten Internetnutzer geben ihre eigene Telefon- oder Handynummer an.
B	Die meisten Internetbesucher nennen ihre Hobbys und stellen eigene Fotos und Filme ein.
L	Die wenigsten Internetnutzer geben ihre eigene Telefon- oder Handynummer an.
E	Die eigene E-Mail-Adresse nennen nur 4 Prozent der Internetnutzer.
O	Unter zehn Prozent aller Befragten erstellen eigene Blogs/Internettagebücher.
G	Von 2011 bis 2013 wurden immer mehr Fotos/Filme von Freunden oder Familienmitgliedern ins Netz gestellt.

b Trage die Buchstaben für das Lösungswort ein. ☐☐☐☐

4 Bestimme jeweils die Art der Grafik.
Schreibe die richtigen Bezeichnungen auf.

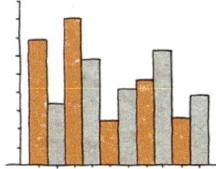   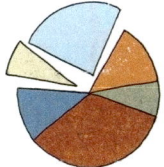   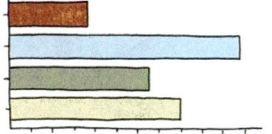

_____   _____   _____

Fragen aus einem Sachtext verändern

Um in Sachtexten eine eigene Meinung zu formulieren, wird häufig das sprachliche Mittel der rhetorischen Frage genutzt. Meistens ist bei rhetorischen Fragen genau das Gegenteil der Aussage gemeint. Es sind somit keine echten Fragen, sondern versteckte Meinungen.

1 Lies den Text „Selfies – Fotos auf Armlänge" im Deutschbuch S. 172.

2 Lies die rhetorischen Fragen zum Inhalt des Sachtextes.

A Müssen wir es Stars und Sternchen aus Film und Fernsehen gleichtun?

B Sollten wir mit den Selfies immer eine lustige Welt vortäuschen?

C Müssen wir die Trainingsfortschritte unserer Mitmenschen ständig verfolgen?

D Sollten wir auf einer Beerdigung ein Selfie mit lachenden Jugendlichen hochladen?

E Können Selfies zeigen, wie die Wirklichkeit aussieht?

3 Ändere die Fragesätze in Aussagesätze.
Tipp: Durch das Einsetzen des Wortes „nicht" kannst du die rhetorischen Fragen so verändern, wie sie inhaltlich gemeint sind.

A Müssen wir es den Stars und Sternchen aus Film und Fernsehen gleichtun?

<u>Wir müssen es **nicht** den Stars und Sternchen aus Film und Fernsehen gleichtun.</u>

B Sollten wir mit den Selfies immer eine lustige Welt vortäuschen?

<u>Wir sollten nicht mit</u>

_____

C Müssen wir die Trainingsfortschritte unserer Mitmenschen ständig verfolgen?

_____

_____

D Sollten wir auf einer Beerdigung Selfies mit lachenden Jugendlichen hochladen?

_____

_____

E Können wir mit Selfies zeigen, wie die Wirklichkeit aussieht?

_____

_____

Einen Sachtext in einer Onlinezeitung kennen lernen

1 Lies den Text über die Handysucht aus einer Onlinezeitung.

Wann beginnt die Sucht?

An der Universität Bonn wurde eine App mit dem Namen „Menthal" entwickelt.
Diese App soll festhalten, wie oft ein Smartphone aktiviert* wird. Ebenso soll
ermittelt werden, welche Apps man nutzt und wie viel Zeit man damit verbringt.
Mit der App „Menthal" wollen die Bonner Forscher herausfinden, ob bei
5 der Handynutzung eine Suchtgefahr besteht. Der Psychologe Dr. Christian Montag
spricht von „erschreckenden Ergebnissen" beim Umgang von Jugendlichen
mit dem Handy. Laut einer Studie aktiviert* ein Durchschnittsnutzer
alle zwölf Minuten sein Smartphone. Die App „Menthal" soll gegen die Sucht helfen.
Die Smartphonenutzer können die App kostenlos herunterladen. Mit der App
10 können sie ihr Verhalten messen und kontrollieren.

*aktivieren:
hier: anmachen,
nutzen

2 Lies die Seite der Onlinezeitung im Deutschbuch S. 173.

3 a Finde in dem Text die Nummerierungen mit den Pfeilen.

b Notiere die Möglichkeiten des Onlineformats.

1. Pfeil _____   2. Pfeil _____   3. Pfeil _____

4. Pfeil _____   5. Pfeil _____   6. Pfeil _____

4 Wie ist dein Umgang mit dem Handy?
Kreuze an.

☐ Ich schaue mehrmals in der Stunde auf mein Handy.

☐ Ich schaue 3 bis 4 Mal am Tag auf mein Handy.

☐ Ich nutze viele verschiedene Apps.

☐ Ich nutze selten Apps.

☐ Ich verbringe mehr als 5 Stunden am Tag im Internet.

☐ Ich verbringe weniger als 2 Stunden am Tag im Internet.

5 Was denkst du über die App „Menthal"?
Notiere deine Meinung mit Begründung.

Ich finde die App gut/nicht gut, weil _____

_____

_____

_____

Ein Radiointerview mit verteilten Rollen lesen

1 Lies den Text eines Radiointerviews.
Die Interviewerin/Der Interviewer ist mit I. abgekürzt, der Psychologe Christian Montag mit C. M.

> **I.**   Herr Montag, muss ich mir Sorgen machen, wenn ich während
> unseres Gesprächs ständig auf mein Handy schauen möchte?
>
> **C. M.** Das wäre zu einfach. Wir haben noch keine sichere Diagnose über
> die Abhängigkeit von Handys. Aber einige Anzeichen aus
> der Suchtforschung spielen vielleicht auch bei der Erforschung
> der Handysucht eine Rolle. Diese Anzeichen sind vorhanden,
> wenn man ständig an das Handy denkt. Oder wenn man
> Entzugserscheinungen hat. Oder wenn Jugendliche sich immer
> mehr zurückziehen, um ihr Handy zu nutzen.
>
> **I.**   Wie sehen diese Entzugserscheinungen denn aus?
>
> **C. M.** Wenn man aus dem Haus geht und erstarrt, weil man nicht weiß,
> ob man das Handy dabeihat. Schwitzende Hände und schnellerer
> Herzschlag sind körperliche Veränderungen, die wir dabei sehen.
>
> **I.**   Nach welcher App kann man am schnellsten süchtig werden?
>
> **C. M.** Besonders bei den sozialen Netzwerken wie WhatsApp und Facebook.
> Auch bei Games – Candy Crush Saga ist auf vielen Geräten vorhanden.
> Die Forschungen zeigen einen Unterschied bei den Geschlechtern.
> Spiele sind eher was für Jungen. Mädchen nutzen verstärkt
> die sozialen Netzwerke. Telefoniert wird heute kaum noch.
>
> **I.**   Der Ansturm auf die App „Menthal" ist sehr groß. Sie mussten
> schon die Registrierungen einschränken. Wie viele Daten haben
> Sie eigentlich bis jetzt gesammelt?
>
> **C. M.** Einmal kam im Nachtjournal* nach dem Dschungelcamp** ein Bericht
> über uns. Danach sind wir fast überrannt worden. Schon an
> den ersten Tagen hatten wir 20 000 User. Es hätten noch mehr sein
> können. Mittlerweile geht die Registrierung wieder.

*das Nachtjournal:
eine Nachrichten-
sendung im Fernsehen

**das Dschungelcamp:
eine Unterhaltungs-
sendung im Fernsehen

2 Lest das Interview in Partnerarbeit mit verteilten Rollen. Wechselt beim zweiten Lesen die Rollen.

3 Welche Informationen aus dem Text habt ihr behalten?
Sprecht in Partnerarbeit über die Themen des Radiointerviews:

– Entzugserscheinungen bei Handysucht

– Die App mit dem größten Suchtpotenzial

– Die Unterschiede zwischen Jungen und Mädchen beim Umgang mit dem Handy

– Die Zahl der User der App „Menthal" an den ersten Tagen nach dem Bericht

Medienformate unterscheiden

Das Thema „Menthal-App" wurde in unterschiedlichen Medien vorgestellt. Du hast
einen Bericht darüber im Internet (Onlinetext) kennen gelernt und ein Radiointerview gelesen.
Auch im Fernsehen gab es ein Feature über die App „Menthal". Dies sind Beispiele für
unterschiedliche Medienformate.

1 Lies den Text über das Fernsehfeature.

Die Stimme einer Sprecherin: Spielen, twittern, posten oder nur
Mails checken. Das Smartphone ist für Jugendliche unverzichtbar
geworden.
Prof. Markowitz: Alle diese elektronischen Geräte machen unsere
Gehirne kaputt.
Die Stimme einer Sprecherin: Vom Aufstehen an online und
danach immer weiter. Das Handy hat den Menschen im Griff und nicht umgekehrt.
Mark (Student): Wir haben eine App entwickelt, die eine Waage für Informationen ist. Die Waage
lügt nicht.
Die Stimme einer Sprecherin: Die Software schreibt genau mit, wann man das Handy anschaltet,
wie man es nutzt, wann man es nutzt und für welche Zwecke. Die Aufzeichnungen sollen
einen aber nicht daran hindern, das Handy zu nutzen.
Die Stimme einer Sprecherin: Die Psychologen an der Uni Bonn sind sich sicher, dass übermäßiger
Handygebrauch im Gehirn Spuren hinterlässt. Die neue App könnte das deutlich machen.
Die Wissenschaftler wollen Handys nicht grundsätzlich verteufeln. Sie nutzen sie ja selbst auch.
Aber jeder Nutzer sollte hin und wieder eine digitale Diät machen, bevor er süchtig wird.

2 „Alle diese elektronischen Geräte machen unsere Gehirne kaputt."
Sprecht in Partnerarbeit über diese Aussage im Text.

3 **a** Lies die Angaben zu den Medienformaten im Informationskasten im Deutschbuch S. 176.

   b Ordne die Medienformate zu.

| Onlineformate | Radiotexte | Fernsehfeature |

– Sie bieten die Möglichkeit, durch Originalstimmen und Geräusche Stimmungen und
Zusatzinformationen zu transportieren.

– Der Nutzer hat die Möglichkeit, sich sofort zum Text schriftlich zu äußern. Er kann mit anderen
Leserinnen und Lesern in Kontakt treten. Es können zusätzliche Informationen durch
die Vernetzung mit anderen Texten hinzugezogen werden.

– Ein Sachthema wird mit Szenen, Zitaten und passenden Bildern aufbereitet. Die Informationen
werden um bewegte Bilder ergänzt. Man kann sich die Informationen gut merken, weil man sie
zugleich hört und sieht.

Teste dich!

1 Lies die Aussagen.

A Über das Geschehen wird sachlich informiert.

B Es werden viele Antworten auf W-Fragen gegeben.

C Das Geschehen wird aus persönlicher Sicht dargestellt.

D Der Sachverhalt wird ohne eigene Meinung geschildert.

E Die Gefühle der Beteiligten werden besonders betont.

F Der Sachverhalt wird mit eigener Meinung geschildert.

2 Welche Aussagen passen zu einem informierenden Sachtext?
Welche passen zu einem meinungsbildenden Sachtext?
Trage die Aussagen aus Aufgabe 1 passend zu den Überschriften ein.
Tipp: Wenn du unsicher bist, lies noch einmal den Informationskasten
im Deutschbuch S. 172.

Informierende Sachtexte

_____

_____

_____

Meinungsbildende Sachtexte

_____

_____

_____

3 Welche Sätze sind aus einem informierenden Text (I)?
Welche Sätze sind aus einem meinungsbildenden Text (M)? Trage die Buchstaben ein.

Aber schult das nicht gerade für das Leben?   **M**

Die Kommunikation von Heranwachsenden erfolgt heute zunehmend durch
den Austausch von Kurznachrichten.   _____

Dafür gibt es eine neue Bezeichnung, die „Head-down-Generation".   _____

Jedes Kind müsste doch wissen, dass man wütende Lehrer oder Mitschüler nicht filmt. _____

Sich im Netz zur Schau zu stellen, das ist peinlich.   _____

Begriffe aus einem Sachtext klären

1 Lies den Zeitungstext.

Johanna Heinz

Nett im Netz

Pöbeleien. Üble Beleidigungen. „Shitstorms", die Menschen plötzlich mit Härte entgegenschlagen.
Menschen, die an den Pranger gestellt werden. Das ist die tägliche Barbarei im World Wide Web.
Zunehmend wird das schlechte Benehmen im Internet beklagt. Wer sich die Kommentarspalten
in Foren und sozialen Netzwerken anschaut, könnte den Glauben an die Intelligenz und Güte
5　der Menschen verlieren. Aber das ist zum Glück nur ein Teil der Wahrheit.
Es gibt nämlich auch Nettigkeit im Netz. Das Internet ist ja nicht grundsätzlich böse.
Nie war es z. B. so einfach, mit Menschen rund um den Erdball in Kontakt zu treten. Man kann
Gleichgesinnte für alle Themen finden. Man kann sein Wissen mit anderen teilen, zum Beispiel
über Wikipedia. Man kann online Vorlesungen aus Amerika besuchen, Kochen bei Köchen aus
10　Thailand lernen und bei englischen Computerfreaks in die Lehre gehen.
Doch nicht nur der Globus wächst zu einem Dorf zusammen. Die Facebook-Gruppe „Nett-Werk
Bonn" bekommt immer mehr Zulauf. Bonner finden sich in der Gruppe zusammen.
Sie verschenken z. B. nicht mehr benötigte Sofas und Fahrräder. Oder sie verkaufen für wenig Geld
Dinge. Bonner fragen Bonner um Rat und Hilfe. Da kann es um einen DJ für die Hochzeit oder
15　um ein Milchpulver für das Baby gehen.
Innerhalb der Gruppe gelten klare Regeln. Werbung, kommerzielle Angebote und Tierverkäufe
werden gelöscht. Wer unfreundlich ist und vielleicht die nette Anrede vergisst, wird auch
von anderen Nutzern gemahnt. „Danke, Bitte, eine nette Anrede: Das ist für mich ein angenehmer
Ton", findet Ulrike Löschen, eine Administratorin des Bonner Nett-Werks.
20　Es geht den Nett-Werkern nicht darum, die technischen Errungenschaften des Internetzeitalters
nur positiv zu beschreiben. Diese Haltung wäre ebenso engstirnig wie eine nur feindliche Haltung
zum Internet. Es ist zweifellos sinnvoll, die Missstände im Internet zu benennen und
auf Datenschutz zu achten.

2 Kennst du alle Wörter aus dem Text?

a Lies die Wörter.

b Schreibe neben jedes Wort die passende Bedeutung.

Shitstorm: _____

Pranger: _____

Barbarei: _____

World Wide Web: _____

Foren: _____

Administratorin: _____

kommerziell: _____

öffentliche Strafe ·

Grausamkeit/Unmenschlichkeit ·

weltweites Netz ·

Verwalterin ·

Austauschplätze im Netz ·

Hetze (Beschimpfung im Internet) ·

geschäftlich

In Relativsätzen fehlende Kommas einfügen

Im Zeitungstext „Nett im Netz" von Johanna Heinz (Mai 2014) geht es um Nachteile und Vorteile des Internets. Besonders ausführlich geht die Autorin auf die vielen Vorteile der Internetkommunikation ein. Sie nennt viele Beispiele dafür.

1 **Lies die Sätze aus dem Inhalt des Sachtextes.**
In den Sätzen fehlen die Kommas.

Man kann Gleichgesinnte die das gleiche Hobby haben finden.

_____

_____

Bei Wikipedia das nur ein Beispiel von vielen ist kann das Wissen geteilt werden.

_____

_____

Man kann von einem Koch der in Thailand lebt das Kochen lernen.

_____

_____

Vom Sofa aus das im eigenen Wohnzimmer steht kann man Vorlesungen hören.

_____

_____

Aber die technischen Errungenschaften die das Internetzeitalter bietet sind nicht nur positiv.

_____

_____

2 **a** Schreibe die Sätze auf. Denke an die Kommas.
    Tipp: Lies dazu die Angaben im Informationskasten unten.

  b Markiere das Relativpronomen.

  c Unterstreiche das vorangehende Nomen.

Information   **Relativsätze als Einschub**

Relativsätze sind **Nebensätze,** die sich auf ein **vorangehendes Nomen** beziehen, z. B.:
Menschen, Gleichgesinnte, Wikipedia. Sie werden immer durch ein **Komma** abgetrennt.

Ein **Relativpronomen** (z. B. _der, die, das_) leitet den Nebensatz als Einschub ein, z. B.:
So können **die Menschen, die** rund um den Erdball leben, miteinander in Kontakt treten.

Einen Sachtext verstehen

1 Lies den Sachtext aus dem Jahr 2013.

Astrid Herbold

Führen Chats, Smileys und Kurznachrichten zum Verfall der Sprache?

① Über WhatsApp werden stündlich 41 Millionen Mitteilungen verschickt.
Über 100 Millionen Menschen sind weltweit bei Twitter angemeldet. Facebook hat
die Milliardenmarke geknackt. Und die SMS ist beliebt wie nie. Kleinschreibung, Abkürzungen,
fehlende Artikel und verkürzte Sätze sind typisch für die SMS. Geschmückt werden
5   die SMS mit Smileys, z. B. Ich schenk dir mein Herz – <3.

② Es gibt bisher keine Studie, die den oft vermuteten Verfall der Sprache beweisen kann.
Die Sprachwissenschaftler haben fast alles unter die Lupe genommen. Was passiert
mit der Satzstellung? Was ist mit den Zeitformen? Was ist mit der Rechtschreibung?
Und wann und wozu werden lachende, zwinkernde oder weinende Smileys eingesetzt?

10 **③** Man dachte lange, dass in der Chatkommunikation etwas fehlt, was im mündlichen Gespräch
möglich ist. Durch die Smileys sollte dieser Bereich unter den Nutzern ausgefüllt werden.
Aber eindeutig sei dies nicht zu erklären, meint der Wissenschaftler Georg Albert.

④ Ein anderer Forscher sieht die Geschwindigkeit und den Platzmangel als Grund für
die Sprache im Netz. Doch Georg Albert glaubt das nicht. Die Nutzer schreiben z. B.
15   viele Ausrufezeichen oder Wiederholungen von Buchstaben. Andere schreiben im Dialekt.
Dabei dauert das beim Tippen länger und ist schwieriger zu lesen. Es scheint eher darum
zu gehen, dass es unterhaltsamer ist.

⑤ Vielen Nutzern macht das Experimentieren mit Buchstaben und Zeichen einfach Spaß.
Sie haben Spaß daran, kreativ zu sein. Die meisten Nutzer können zwischen unterschiedlichen
20   Schreibweisen wechseln. Eine Wissenschaftlerin an der Universität Mannheim meint,
dass man deshalb sogar von einer höheren Fähigkeit beim Schreiben sprechen kann. Je nach
Situation entscheiden die Nutzer, ob sie die Sprachregeln mehr oder weniger beachten.
Die Forschung zeigt also: Chats belegen das Gegenteil des Sprachverfalls.

2 Welche Antworten werden im Text auf die Frage nach dem Verfall der Sprache gegeben?
Kreuze an.

☐   Die Chats zeigen den Sprachverfall deutlich.
     Die Nutzer verwenden nämlich unvollständige
     Sätze, Kleinschreibung, Wortabkürzungen und
     Smileys.

☐   In den Chats wird das Gegenteil
     des Sprachverfalls deutlich.
     Die meisten Nutzer können zwischen
     unterschiedlichen Schreibweisen wechseln.

☐   Es gibt bisher keine Studie, die den oft
     vermuteten Verfall der Sprache beweisen kann.

☐   Georg Albert sieht die Geschwindigkeit und den Platzmangel als Gründe
     für den Sprachverfall im Netz.

Textabschnitte in die richtige Reihenfolge bringen

Die folgende Zusammenfassung des Sachtexts auf S. 115 ist in fünf Abschnitte unterteilt.

1 **a** Lies die Textabschnitte.

b Nummeriere die Textabschnitte in der richtigen Reihenfolge.
Tipp: Überprüfe deine Lösung mit dem Sachtext der vorherigen Seite.

☐ Georg Albert glaubt nicht, dass Geschwindigkeit und Platzmangel Gründe für die Sprache im Netz sind.

☐ Zusammengefasst zeigen Ergebnisse der Forschungen, dass Chats nicht zum Sprachverfall führen. Viele Nutzer zeigen sogar eine höhere Fähigkeit beim Schreiben.

☐ Es gibt bisher keine Studie, die den Sprachverfall beweisen kann. Wissenschaftler haben dabei z. B. die Satzstellung untersucht.

☐ Mit den Zahlen über die heutige Nutzung von WhatsApp, Twitter und Facebook beginnt der Text.

☐ Forschungsfragen gingen lange davon aus, dass der Chatkommunikation etwas fehlt, was im mündlichen Gespräch möglich ist.

2 Schreibe die Textabschnitte in der richtigen Reihenfolge auf.

_____

_____

_____

_____

_____

_____

_____

_____

_____

_____

_____

_____

Einen Sachtext analysieren

1 Lies die Zusammenfassung des Sachtextes „Lehrer und Schüler – Facebookfreunde?"

Im Text geht es um die Frage, ob Lehrer und Schüler in einem sozialen Netzwerk miteinander
kommunizieren sollten. Als Beispiel wird eine Lehrerin vorgestellt, die sich nach Schulschluss
mit ihren Schülerinnen und Schülern in einer Facebookgruppe trifft. Dort stellt sie für ihr Fach
Französisch z. B. Übungsaufgaben und Links zu Grammatikseiten ein. Laut einer Befragung
5 meint etwa die Hälfte der Lehrkräfte, dass dies sinnvoll ist. Die „Freundschaft" im Netz
würde die Beziehungen zwischen Lehrenden und Lernenden verbessern.
Experten warnen jedoch, dass dies zu Missverständnissen führt. Facebook ist
eine reine Freundschaftsplattform und Lehrer und Schüler sind keine Freunde. Einige Lehrer
fürchten, durch die Onlineverbindung ihren neutralen Blick auf den Schüler zu verlieren.
10 Sie entscheiden sich bewusst gegen die „Freundschaft" im Netz.
Wenn es zum Kontakt zwischen Lehrern und Schülern über Facebook kommt, sind bestimmte
Regeln zu befolgen. Die Lehrer dürfen **nicht Schüler benachteiligen,** die nicht über Facebook
kommunizieren. Wichtig ist, dass die **Rollen** zwischen Lehrern und Schülern **klar** sind und **bleiben.**
Die **Trennung** von **beruflichen** und **persönlichen Themen** sollte eingehalten werden. Außerdem ist
15 ein aufmerksamer Umgang mit dem **Datenschutz** nötig.

2 Ergänze die Sätze zur Analyse des Sachtextes.
Tipp: Lies dazu auch die Seite 186 im Deutschbuch.

Im Sachtext „Lehrer und Schüler – Facebookfreunde?" geht es um _____

_____

_____

In einer Befragung meint etwa die Hälfte _____

_____

Experten warnen, dass es _____

Die Regeln für Facebookkontakte zwischen Lehrenden und Lernenden sind (in Stichworten):

_____

_____

_____

Ich finde, Lehrer und Schüler können Facebookfreunde / keine Facebookfreunde sein,

weil _____

_____

_____

10 „On the road"

„Tschick" – Die Figuren des Romans kennen lernen: Maik

1 Lies den gekürzten Romananfang.

Wolfgang Herrndorf

„Tschick" (2010) – Auszug 1

Ich hatte noch nie einen Spitznamen. Mein Name ist Maik Klingenberg. Maik. Nicht Maiki,
nicht Klinge, immer nur Maik. Wenn man keinen Spitznamen hat, ist man entweder langweilig
oder man hat keine Freunde. Ich habe lieber keine Freunde, als wahnsinnig langweilig zu sein.
Aber ich bin nicht gut im Kennenlernen.

5 Bis Tatjana Cosic kam, war das auch nie das große Problem für mich. Obwohl Tatjana schon immer
in meiner Klasse war, habe ich sie erst in der Siebten bemerkt. Und ich sollte jetzt wohl mal
anfangen, Tatjana zu beschreiben. Tatjana ist vierzehn Jahre alt und 1,65 m groß. Ihre Familie
kommt aus Serbien oder Kroatien. Sie wohnen in einem Mietshaus mit vielen Fenstern. Ich kann
hier noch lange rumschwafeln, aber eigentlich weiß ich über Tatjana nicht mehr als alle anderen
10 in der Klasse. Aber ich glaube, jeder kann sich vorstellen, wie sie aussieht. Super, sie sieht super
aus, ihre Stimme ist super, sie ist einfach insgesamt super.

*Maik hofft, Tatjana im Sportunterricht beeindrucken zu können. Er ist sehr gut im Hoch- und
Weitsprung, obwohl er einer der Kleinsten der Klasse ist. Während die Mädchen zuschauen,
legt der Sportlehrer die Latte nur für Maik auf 1,65 Meter.*

Ich merkte schon beim Anlauf, das ist mein Tag. Ich segelte über die Anlage
wie ein Flugzeug. Ich glaube, wenn ich mir selbst einen Spitznamen gegeben hätte,
wäre es Aeroflot* gewesen. Als ich auf die Malle sank, wurde auf der Jungsseite   ***Aeroflot:**
15 vorsichtig geklatscht. Von der Mädchenseite hörte ich nichts. Beim Hochkommen   eine russische
ging mein erster Blick zu Tatjana. Doch Tatjana und auch die anderen Mädchen   Fluggesellschaft
hatten meinen Sprung gar nicht gesehen.
Das hat mich noch den ganzen Tag fertiggemacht, obwohl mich der Scheißhochsprung
keine Sekunde lang interessierte. Mich interessierte, warum keiner hinguckt, wenn
20 Air Klingenberg Schulrekord fliegt. Aber so war das eben. Das war die Scheißschule, und
das war ein Scheißmädchenthema, da gab es keinen Ausweg. Dachte ich jedenfalls,
bis ich Tschick kennenlernte. Und dann änderte sich einiges.

2 Was denkst du über die Romanfigur Maik Klingenberg?

a Wähle aus dem Text oder aus dem Kasten passende Beschreibungsmerkmale für Maik.

b Schreibe kurze Sätze über Maik, den Ich-Erzähler des Romans, in dein Heft.
Verwende unterschiedliche Satzanfänge, z. B.
Maik ... , Er ..., Die Romanfigur, ...

> intelligent · schwierig · anspruchsvoll · einsam ·
>
> schüchtern · verliebt · witzig · langweilig ·
>
> lustig · sportlich · freundlich

Die Figuren des Romans kennen lernen: Tschick

Der junge Russe Tschick kommt nach den Osterferien neu in die Klasse
von Maik. Maik findet, der Neue sieht wie ein Asi* aus.
Wie die anderen kann er ihn am Anfang nicht leiden.
Doch dann erlebt er, wie sich Tschick bei der Vorstellung
durch den Lehrer Wagenbach verhält.

*Asi:
Abkürzung für:
ein Asozialer

1 Lies den Auszug 2 des Romans im Deutschbuch S. 192–193.

2 Beantworte die Fragen zur Beschreibung der Romanfigur Tschick.
Tipp: Bei den Fragen E und F sind mehrere Angaben möglich.

A Wie heißt Tschick mit richtigem Namen? _____

B Aus welchem Land kommt Tschick? _____

C Wann ist Tschick nach Deutschland gekommen? _____ (Zeile 69)

D Welche Schulen hat Tschick bisher besucht? _____

_____ (Zeilen 95–99)

E Wie verhält sich Tschick bei der Vorstellung in der Klasse?

_____

ungewöhnlich   witzig   verrückt   ängstlich   mutig   angeberisch   frech

F Wie verhält sich der Lehrer gegenüber dem neuen Schüler?

_____

freundlich   ironisch   verständnisvoll   respektvoll   unfreundlich   witzig   normal

3 Könntest du dir vorstellen, mit Tschick befreundet zu sein? Kreuze an.

☐ Ja, weil er als Neuer in der Klasse bestimmt Freunde braucht.

☐ Nein, denn ich finde sein Verhalten merkwürdig und frech.

☐ Nein, da er angeberisch und unverschämt ist.

☐ Ja, weil er intelligent und witzig ist.

4 Ergänze die Sätze für eine kurze Charakterisierung der Romanfigur Tschick.

Tschick heißt mit Vornamen eigentlich _____ . Er kommt aus _____ .

Er verhält sich bei der Vorstellung durch den Lehrer _____ .

Er sagt zum Lehrer: „ _____

_____ ." (z. B. Zeilen 46, 76–77)

Einen Romandialog lesen und verstehen

Maik und Tschick werden Freunde. Tschick hat einen alten Lada geklaut. Darin unternehmen die beiden kurze Fahrten. Sie fahren auch zu Tatjanas Geburtstagsfeier, obwohl sie nicht eingeladen sind. Maik übergibt Tatjana ein Geschenk. Nach der Fahrt spielen Maik und Tschick am Computer. Dabei macht Tschick einen Vorschlag: einfach mal in Urlaub zu fahren, wie andere Leute auch.

1 Lies den gekürzten Dialog aus dem Roman.

Maik: „ Wo willst du überhaupt hin?"
Tschick: „Ist doch egal."
Maik: „Wenn man wegfährt, wäre irgendwie gut, wenn man weiß, wohin."
Tschick: „Wir könnten meine Verwandtschaft besuchen.
5 Ich hab einen Großvater in der Walachei."
Maik: „Und wo wohnt der?"
Tschick: „Wie wo wohnt der? In der Walachei."
Maik: „Hier in der Nähe oder was?"
Tschick: „Was?"
10 Maik: „Irgendwo da draußen?"
Tschick: „Nicht *irgendwo* da draußen, Mann.
In der Walachei."
Maik: „Das ist doch dasselbe."
Tschick: „Was ist dasselbe?"
15 Maik: „Irgendwo da draußen und Walachei, das ist dasselbe."
Tschick: „Versteh ich nicht."
Maik: „Das ist nur ein *Wort,* Mann. Walachei ist nur ein Wort!
So wie Dingenskirchen oder Jottwehdeh."
Tschick: „Meine Familie kommt von da."
20 Maik: „Ich denk, du kommst aus Russland?"
Tschick: „Ja, aber ein Teil kommt auch aus der Walachei.
Mein Großvater, meine Großtante und mein Urgroßvater. Und da fahren wir morgen hin."

2 Finde in einem Atlas oder im Internet, wo die Walachei liegt.

3 Lest den Dialog in Partnerarbeit. Wechselt bei den Rollen.

4 Kreuze an, worin das Missverständnis zwischen Maik und Tschick besteht.

☐ Maik denkt, die Walachei ist nur die Bezeichnung für einen Ort, den es gar nicht gibt.

☐ Maik meint, Tschick zieht ihn mit dem Begriff Walachei auf.

☐ Tschick kennt das Gebiet im heutigen Rumänien, das Walachei heißt.

☐ Tschick denkt, dass sich Maik über ihn lustig macht.

☐ Tschick denkt, Maik hat Angst, mit ihm wegzufahren.

5 Was denkt ihr über die Urlaubspläne von Tschick und Maik?
Sprecht darüber in Partnerarbeit.

Die Beziehungen der Romanfiguren untersuchen

Maik und Tschick fahren mit dem Lada einfach drauflos. Nach einigen Tagen geht ihnen
das Benzin aus. Maik und Tschick wollen nicht zu einer Tankstelle fahren,
sondern Benzin stehlen. Auf einer Müllhalde finden
sie einen Schlauch. Damit versuchen sie,
Benzin aus dem Tank eines fremden Autos zu saugen.
Ein Mädchen beobachtet sie. Das Mädchen ist
ihnen von der Müllhalde zum Parkplatz gefolgt.

1 Lies den gekürzten Auszug 4 des Romans.

„Ihr Schwachköpfe, eine halbe Stunde macht ihr rum
und kriegt's nicht raus."
„Kannst du vielleicht noch etwas lauter schreien?", sagte Tschick und blieb stehen.
„Ihr seid doch zum Ficken zu blöd!"
5 „Stimmt. Kannst du dich jetzt wieder verpissen?"
„Schon mal was von ansaugen gehört?"
Geduckt standen Tschick und ich zwischen den Autos, nur dem Mädchen war natürlich alles egal.
Sie meinte, es ist eh keiner da, und fragte nach dem Schlauch. Dann steckte sie ein Ende vom
Schlauch in den Tank und das andere Ende in ihren Mund. Sie saugte, als würde sie Luft trinken.
10 Dann sagte sie: „So. Jetzt, wo ist der Kanister?"
Als ich ihr den Kanister hinstellte, schoss das Benzin aus dem Tank. Wir sahen zu, wie der Kanister
sich langsam füllte. Das Mädchen schraubte am Ende den Verschluss wieder drauf.
Und so lernten wir Isa kennen. Sie schaute von der Rückbank genau zu, wie Tschick den Lada
anließ und Gas gab. Und natürlich hatten wir überhaupt keine Lust, dass sie mit uns fuhr.
15 Aber nach dieser Benzinsache mussten wir sie wenigstens ein Stück mitnehmen. Sie hörte,
dass wir Berliner waren. Isa sagte, dass das genau ihre Richtung war. Wir erklärten, wir würden gar
nicht nach Berlin fahren. Da sagte sie, dass das auch genau richtig war. Wir sagten ihr, wir würden
ungefähr in den Süden fahren. Da fiel ihr ein, dass sie ihre Halbschwester in Prag dringend
besuchen musste. Und das würde ja praktisch auf dem Weg liegen. Es war, wie gesagt,
20 nicht möglich, ihr den Wunsch abzuschlagen. Denn ohne sie hätten wir ja nicht einmal Benzin
gehabt. Als wir auf die Autobahn fuhren, hatten wir alle Fenster geöffnet.

2 Was passiert, als Isa die beiden Jungen trifft?
Verbinde die passenden Satzteile.

A Isa wusste besser als die Jungen,	1 überhaupt keine Lust, Isa im Auto mitzunehmen.
B Maik und Tschick wollen	2 und setzte sich einfach auf den Rücksitz des Ladas.
C Die Jungen hatten	3 mit dem schmutzigen Mädchen nichts zu tun haben.
D Isa hat es trotzdem geschafft	4 wie man Benzin stehlen kann.

Standbilder zu den Beziehungen der Figuren bauen

Auf der Weiterfahrt kommen die drei an einen See. Maik und Tschick haben die gleiche Idee:
Sie werfen Isa, die nach Müllhalde riecht, mit einer Flasche Shampoo ins kalte Wasser.
Tschick stößt Maik hinterher und amüsiert sich über die beiden im Wasser.

1 Lies den gekürzten Auszug 5 des Romans.

Die Betonsperre war zu hoch zum Rausklettern. Wir mussten durch den ganzen See bis
zur einzigen Stelle mit flacher Böschung schwimmen. Während wir schwammen,
beschimpfte mich Isa die ganze Zeit. Sie meinte, dass ich ein noch größerer
Volltrottel als mein Homofreund war. **Wir gerieten in eine Balgerei*.**
5 Währenddessen spazierte Tschick zum Auto und zog seine Badehose an.
Mit einer Zigarette und einem Handtuch kam er zurück.
„So badet der Gentleman", sagte er und machte ein vornehmes Gesicht.
Dann sprang auch er in den See. **Wir verfluchten ihn gemeinsam.** Als wir an Land
kamen, zog Isa Shirt und Hose und alles aus. Sie fing an sich einzuseifen. Das war
10 ungefähr das Letzte, womit ich gerechnet hätte.
„Herrlich", sagte sie. Sie stand im knietiefen Wasser. Ich wusste nicht, wo ich hingucken sollte.
Sie hatte eine wirklich tolle Figur und eine Gänsehaut, wie ich auch.
Als Letztes kam Tschick zu der flachen Stelle. Komischerweise gab es überhaupt keine
Diskussionen mehr. Keiner sagte etwas und keiner machte einen Witz. Wir wuschen uns nur
15 und keuchten vor Kälte. **Und wir benutzten alle dasselbe Handtuch.**

* die Balgerei: eine nicht ernst gemeinte Prügelei

2 Schreibe die Sätze auf, die zeigen, dass sich die drei jetzt besser verstehen.
Schreibe in der Er- oder Sie-Form.

Sie gerieten _____

_____

_____

3 Mit Standbildern kann man Gefühle und die Beziehungen von Figuren deutlich machen.
Stellt die Figuren Maik, Tschick und Isa in Standbildern dar.

A Entscheidet euch, wer welche der drei Figuren
darstellen soll.

B Achtet auf die Gestik (Körperhaltung) und
die Mimik (Gesichtsausdruck) der Figuren.

C Wählt für die Figuren einen passenden Standort.

D Stellt euch wie Gipsfiguren unbeweglich
miteinander auf.

E Die Zuschauer beraten die Darsteller,
ob die Gestik und Mimik zu den Situationen
in den Romanauszügen 4 und 5 passt.

Isa

Maik

Tschick

Den Handlungsablauf eines Romanauszugs verstehen

Maik und Tschick fahren ohne Isa weiter. Dabei fliehen sie vor der Polizei und haben einen Unfall.
Sie kommen ins Krankenhaus. Danach fahren sie noch ein letztes Mal mit dem Lada
auf die Autobahn. Weil Tschick ein Gipsbein hat, muss Maik ans Steuer.

1 Lies den gekürzten Auszug 6 des Romans.

Ich hatte den Fuß immer noch voll auf dem Gas, denn ich
kannte das Schlangenlinienfahren ja gut von der PlayStation.
Und der Schweinetransporter vor mir benahm sich
wie ein typisches Hindernis von der PlayStation.
5 Wahnsinnig aufgeregt war ich in diesem Moment also nicht.
Ich hielt auf das Hindernis zu, um im letzten Moment
auf der Standspur **an ihm vorbeizuziehen.** Und das hätte
ich auch getan, wenn Tschick nicht gewesen wäre.
Ohne ihn hätte ich das nicht überlebt.
10 **„BREMS!", schrie er. „BREEEEEEMS!" Und mein Fuß bremste.** Ich bremste, weil ich ja auch schon
vorher immer gemacht hatte, was Tschick sagte. Dabei gab es eigentlich keinen Grund
zu bremsen. Frühestens im Jenseits wäre mir erst aufgefallen, dass das Heck
des Schweinetransporters nach links abgeschmiert war. **Ich sah** auf einmal **direkt vor mir**
die Fahrerkabine auf der Mitte der Autobahn. Sie wurde vom Heck überholt.
15 **Der Schweinetransporter** verwandelte sich in eine riesige Schranke und **rutschte vor uns**
auf der Straße davon. Wir rutschten hinterher. Der Lada drehte sich leicht seitwärts.
Der Transporter fiel krachend um und lag mit rotierenden Rädern dreißig Meter vor uns.
In absoluter Stille glitten wir auf diese Räder zu. Ich dachte, jetzt sterben wir also. Jetzt komme
ich nie wieder nach Berlin, jetzt sehe ich Tatjana nie wieder. Und ich dachte, dass ich mich
20 bei meinen Eltern entschuldigen musste. **So rutschten wir auf diesen Lkw zu.**
Ich hörte keinen Knall, obwohl es wahnsinnig geknallt haben musste. Denn **wir rauschten**
vollrohr in den Laster rein. Einen Moment lang spürte ich nichts. Dann bekam ich keine Luft mehr.
Der Sicherheitsgurt schnitt mich in der Mitte entzwei. Mein Kopf lag fast auf dem Gaspedal
neben Tschicks Gipsbein.
25 „So viel dazu", sagte Tschick. **Er hatte es also auch überlebt.**
Und dann sah ich am Horizont die Polizei auftauchen. Ich wollte erst wegrennen. Aber ich wusste,
es hat keinen Sinn. Die letzten beiden Bilder, an die ich mich erinnere, sind: Tschick, der mit
seinem Gipsfuß die Böschung runterhumpelt. Und der Autobahnpolizist, der mit freundlichem
Gesicht meine Hand von der Antenne löst und sagt: „Die kommt auch ohne dich klar."

2 Was könnte Tschick in dieser Szene gedacht haben?
   Markiere, was dir passend erscheint.

Verdammt, was macht Maik denn für einen Mist?

Ich hätte ihn nicht fahren lassen sollen.

Das war's jetzt wohl, das geht übel aus.

Mann, war das knapp, zum Glück haben wir das überlebt.

Ich haue hier ab. Mit der Polizei will ich nichts zu tun haben.

Maik wird das mit der Polizei schon allein hinkriegen, er ist ja clever.

Ein Flussdiagramm zu dem Romanauszug erstellen

Der Ablauf des gefährlichen Unfalls wird von Maik spannend erzählt. Mit einem Flussdiagramm kannst du die Abfolge des Geschehens selbst anschaulich darstellen.

1 Trage den Handlungsablauf des Unfalls in die Spalten des Flussdiagramms ein.
Tipp: Du kannst aus den hervorgehobenen Sätzen auf S. 123 auswählen oder eigene Sätze aus dem Text suchen.

„Tschick" – Der Unfall

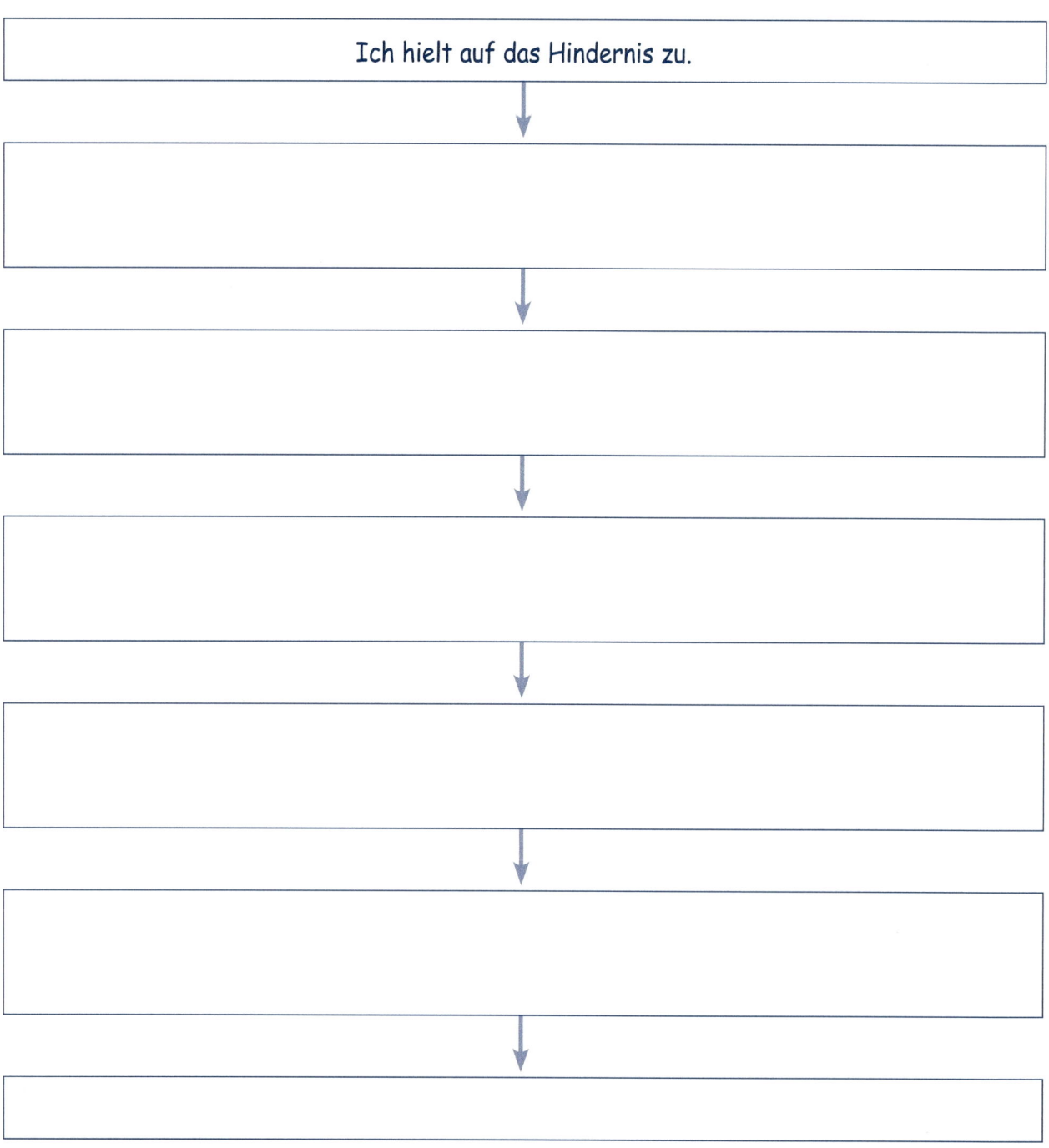

Ich hielt auf das Hindernis zu.

2 Erzählt euch in Partnerarbeit, wie der Ablauf beim Unfall war.
Nutzt dazu die Angaben auf euren Flussdiagrammen.

Teste dich!

1 Kreise die Buchstaben vor den richtigen Aussagen ein.

N	Der Roman ist in der Er-/Sie-Form verfasst.
M	Der Roman ist in der Ich-Form verfasst.
O	Der Ich-Erzähler ist Tschick.
L	Der Ich-Erzähler kennt alle Gefühle und Gedanken der Personen.
A	Der Ich-Erzähler ist Maik.
I	Der Erzähler berichtet vor allem seine eigene Sicht der Geschehnisse.
A	Der Roman ist in einer schwierigen Sprache verfasst.
K	Der Roman ist in einer Sprache verfasst, die man gut versteht.

Trage die Buchstaben für das Lösungswort ein.

2 Lies die kurze Inhaltsangabe des Romans.
Tipp: Eine Inhaltsangabe wird im Präsens geschrieben. Hier stehen die Verben
in der falschen Zeitform.

Maik und der russische Junge Tschick wurden Freunde. Sie wollten mit einem gestohlenen Auto
in die Walachei fahren. Unterwegs trafen die beiden auf einem Müllplatz das Mädchen Isa.
Isa begleitete Tschick und Maik eine Zeit lang auf der Reise. Bei der letzten Fahrt mit dem Lada
verursachte Maik einen schweren Unfall auf der Autobahn.

3 Schreibe die Inhaltsangabe im Präsens auf.
Tipp: Nutze die Verben am Rand.

| begleitet · |
| werden · |
| verursacht · |
| treffen · |
| wollen |

_____

_____

_____

_____

_____

_____

Die Handlung des Films „Vincent will Meer" kennen lernen

Der Film handelt von einer Reise, die die jungen Leute Vincent, Marie und Alexander
auf eigene Faust unternehmen. Vincent leidet unter dem Tourette-Syndrom. Die Erkrankung
führt dazu, dass er immer wieder unkontrollierte Bewegungen macht. Er gibt außerdem
ungewollt Ausrufe und Schimpfwörter von sich.

1 Lies über den Inhalt des Films.

Nach der Beerdigung seiner Mutter wird Vincent von seinem Vater in eine Fachklinik gebracht.
Er trifft dort die magersüchtige Marie und seinen Zimmernachbarn Alexander. Alexander leidet
unter einem Ordnungs- und Reinigungszwang. Alle drei sind in der Klinik unglücklich. Sie fliehen
aus der Klinik und stehlen das Auto der Heimärztin Dr. Rose. Die drei jungen Leute wollen nach
5 Italien ans Meer abhauen.
Vincents Vater nimmt mit Dr. Rose die Verfolgung auf. Bald entdecken sie die Ausreißer. Doch
Vincent und seine Freunde können entkommen. Sie fahren über einen Bergpass weiter
in Richtung Süden. Alle drei sind überwältigt von der Berglandschaft.
Über viele Umwege erreichen Vincent, Marie und Alexander endlich das Meer. Marie hat in Triest
10 einen Zusammenbruch und kommt ins Krankenhaus.
Bei der Rückreise nach Deutschland werden Vincent und Alexander von Vincents Vater und
Dr. Rose begleitet. Unterwegs bricht Vincent die Reise ab und will nach Triest zurück. Dort liegt
Marie nach ihrem Herzanfall noch immer im Krankenhaus. Alexander kommt mit.

2 Trage die fehlenden Angaben ein.

Titel des Films: _____

Kurze Angaben zu den Hauptfiguren

Vincent: _____

Marie: _____

Alexander: _____

Filmhandlung in Kurzform

In einer Klinik trifft Vincent _____

Die drei jungen Leute fliehen _____

_____

_____

_____

Sie kommen über Umwege endlich _____

_____

Einen Filmdialog erschließen

Bevor Vincent von seinem Vater in die Klinik gebracht wird, räumen beide das Zimmer der verstorbenen Mutter auf. Vincent findet dabei ein Foto, das seine Mutter im Hafen San Vicente in Italien zeigt.

1 Lies die gekürzte Fassung des Filmdialogs in **indirekter Rede.**

A Vincent sagt, dass seine Mutter auf dem Foto am Meer sehr glücklich **aussehe.**

B Vincent fragt seinen Vater, wo San Vicente **sei.**

C Er meint, seine Mutter **habe** noch einmal dorthin **gewollt.**

D Aber sie **habe** sich nicht getraut, den Vater darum zu bitten.

E Vincent erklärt, er **habe** seine Mutter nach San Vicente bringen **wollen.**

F Der Vater antwortet, dass Vincent ja noch nicht einmal zum Bäcker **gehen würde.**

2 Schreibe die Sätze des Filmdialogs in **direkte Rede** um.
Tipp: Die Verbformen im Kasten helfen dir.

A Vincent sagt: „Mutter **sieht** auf dem Foto am Meer sehr glücklich aus."

B Vincent fragt seinen Vater: „Wo **ist**

C Vincent meint: „Mutter

D Vincent fügt hinzu: „Sie

E Vincent erklärt: „Ich

F Der Vater antwortet: „Du

> gehst ·
> wollte ·
> hat

3 Lest eure Dialoge in Partnerarbeit mit verteilten Rollen.

4 Was könnten Vincent und sein Vater bei diesem Dialog gedacht und gefühlt haben?
Kreuze an, was dir passend erscheint.

Vincent ☐ Wie glücklich meine Mutter früher einmal war!

☐ Traurig, dass sie nie wieder dorthin gefahren ist.

☐ Vater ist so hart, deshalb hat Mutter nie gefragt.

Vater ☐ Komisch, an das Foto erinnere ich mich gar nicht.

☐ Für Vincent bin ich an allem schuld, was geschehen ist.

☐ Wie soll ich mit Vincent ohne die Mutter zurechtkommen?

Sätze den Bildern des Films zuordnen

1 Schau dir die vier Filmbilder aus dem Film „Vincent will Meer" im Deutschbuch S. 203 an.

2 Lies die folgenden Sätze, die zu den Filmbildern passen.

Nach dem Tanken hauen die drei ab, ohne zu bezahlen. ☐

Vincent, Marie und Alexander sind mit dem Auto auf der Autobahn.
Sie wollen nach Italien fahren. ☐

Vincent hat Marie und Alexander in der Klinik kennen gelernt.
Die drei stehlen das Auto der Klinikärztin. Alexander sitzt am Steuer. ☐

Vincent ist von seinem Vater in die Klinik gebracht worden.
Die Klinik ist von hohen Zäunen umgeben. Vincent ist entsetzt. ☐

3 Ordne die Sätze den Bildern zu.
Schreibe hinter jeden Satz die Nummer des passenden Bildes.

4 Welche Gemeinsamkeiten gibt es zwischen dem Film
„Vincent will Meer" und dem Roman „Tschick"?

a Lies die Sätze.

b Kreuze die richtigen Aussagen an.

Im Film und im Roman ...

☐ reißen junge Leute aus, ohne ihren Eltern Bescheid zu sagen.

☐ wird ein Junge von seinem Vater in eine Klinik gebracht.

☐ stehlen die Jugendlichen Benzin.

☐ geht es um drei Personen, die abhauen.

☐ sind die Jugendlichen mit einem Auto unterwegs.

☐ geht es um junge Leute, die nach Italien reisen.

☐ sind die jungen Leute mutig und treffen eigene Entscheidungen.

5 Schreibe die drei richtigen Aussagen auf.

_____

_____

_____

_____

Ideen für einen Film entwickeln

Einfach einmal wegfahren – diesen Wunsch hast du vielleicht auch schon einmal gehabt.
Wie stellst du dir diese Reise vor?

1 Trage deine Ideen und Wünsche in die Mind-Map ein.
Tipp: Du kannst die Wörter und Wortgruppen im Kasten nutzen.

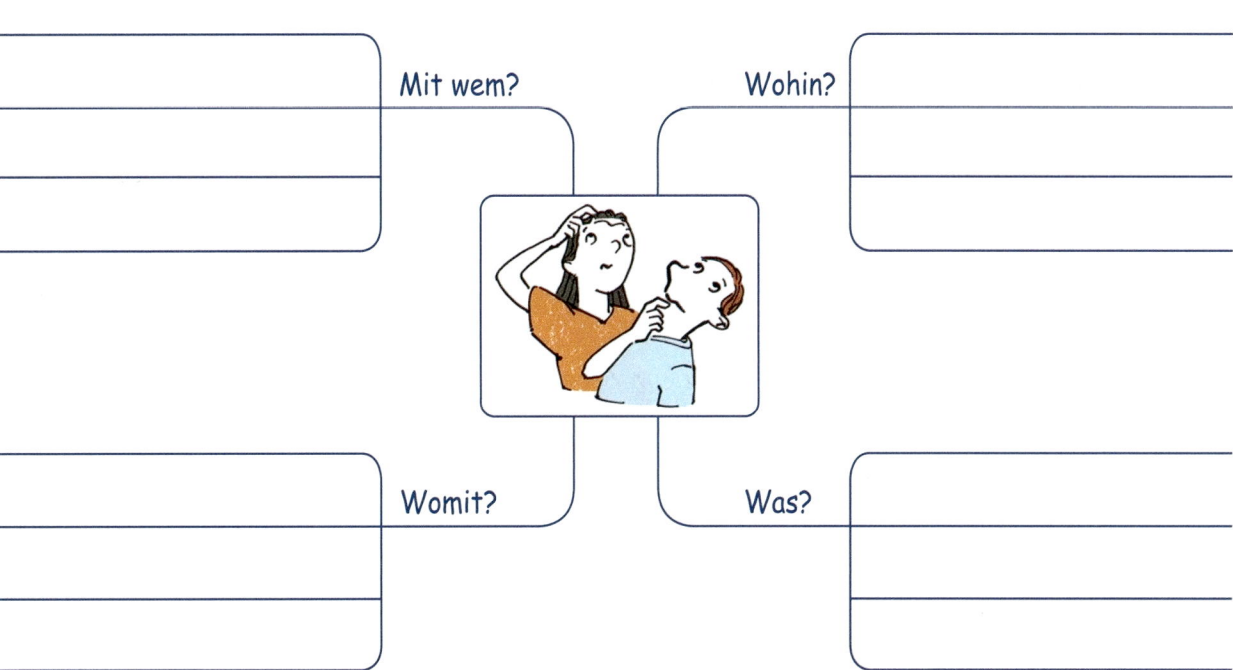

Mit wem?   Wohin?

Womit?   Was?

ins Blaue · an einen bestimmten Ort · mit Freunden · in Reisegruppe ·
allein · mit der Freundin/dem Freund · Auto · Zug · Flugzeug · Fahrrad · Party machen ·
abhängen · jemanden besuchen · etwas besichtigen · ohne Plan

2 Wie würdest du deine Ideen und Wünsche verfilmen? Schreibe Stichworte auf.

An welchem Ort beginnt der Film? _____

Welche Darsteller gibt es? _____

Was passiert alles auf der Reise? _____

_____

Was macht ihr am Ziel der Reise? _____

_____

3 Schreibe einen Titel für deinen Film auf. _____

11 Grammatiktraining

Präpositionen

1 a Lies die Sätze.

b Markiere die Präpositionen.
Tipp: Lies dazu den Informationskasten unten.

c Unterstreiche das dazugehörige Nomen.

Ich bringe für den Onkel ein Stück Kuchen mit.

Der Hund läuft aufgeregt einmal um den Teich.

Nach dem Weckerklingeln schlafe ich oft wieder ein.

Nachmittags unternehme ich nichts ohne meinen Freund.

Gut gelaunt kommen wir aus der Schule.

Probleme kann ich gut mit meiner Lehrerin besprechen.

Man kann wenig gegen das Getuschel anderer machen.

Der Klassensprecher hat allen außer dem Lehrer Bescheid geben können.

2 Trage die Präpositionen mit ihren Nomen in die Tabelle ein.

Präposition mit Akkusativ	Präposition mit Dativ
für den Onkel	

3 Schreibe die Sätze aus Aufgabe 1 in dein Heft.

Information	Präpositionen bestimmen den Kasus (Fall) von Nomen

Präpositionen (Verhältniswörter) stehen vor einem Nomen und bestimmen den Fall des Nomens.
Präpositionen wie *durch, für, gegen, ohne, um* stehen vor dem **Akkusativ,** z. B.:
Ich gehe durch den Regen.
Präpositionen wie *aus, bei, mit, nach, seit, von, zu, außer* stehen vor dem **Dativ,** z. B.:
Ich gehe mit meinem Bruder nach Hause.

Der Numerus: Einzahl oder Mehrzahl?

1 Lies den Entschuldigungsbrief von Karl.

> Sehr geehrte Frau Moritz,
>
> die Hausaufgaben gestern kosteten mich sehr viel Zeit.
>
> Ich schaffte es deshalb nicht, unser Referat vollständig vorzubereiten.
>
> Meine Freundin Ronja und ich erstellten aber schon einmal eine Gliederung.
>
> Wir übersahen dabei leider einen aktuellen Zeitungsartikel. Ronja plante,
>
> den Artikel in unser Referat einzupassen.
>
> Mit freundlichen Grüßen
>
> Karl

2 **a** Unterstreiche in dem Brief die Subjekte (Wer oder was?) rot und die Prädikate grün.
  Tipp: Lies dazu den Informationskasten unten.

   b Schreibe die Subjekte mit den Prädikaten auf.

   die Hausaufgaben kosteten, ich _____

   _____

3 **a** Unterstreiche in den Sätzen das Subjekt (Wer oder was?).

   b Setze das Prädikat im richtigen Numerus ein.

Ronja _____ an der Gliederung für das Referat.
          arbeitet / arbeiten

Nach der Schule _____ sich Ronja und ihr Freund für das Referat.
                      trifft / treffen

Karl _____ ein Buch aus der Bücherei mit.
        bringt / bringen

Ronja _____ noch eine tolle Idee für das Referat.
          hat / haben

Am Schluss _____ Ronja und Karl stolz auf das Ergebnis.
                  ist / sind

Information   **Der Numerus** (die Anzahl) von **Subjekt** und **Prädikat**

Subjekt (Wer oder was?) und **Prädikat** müssen im **Numerus** (Singular oder Plural) übereinstimmen. Steht das Subjekt im Plural, muss auch das Prädikat im Plural stehen, z. B.: *Ronja und ihr Bruder* **machen** *Hausaufgaben.*

Vergangenes durch Verben im Präteritum ausdrücken (1)

1   a   Lies die Sätze.

      b   Markiere die Verben im Präteritum.

Letzte Woche strahlte die Sonne vom Himmel.

Vorgestern regnete es nur. In Süddeutschland schneite es gestern.

2   a   Trage die Verben aus Aufgabe 1 in die Tabelle ein.

      b   Ergänze die fehlenden Präteritumformen der anderen Verben.

Grundform	Präteritum
strahlen	sie _____
regnen	es _____
schneien	es _____
kaufen	er _____
rechnen	wir _____

3   Verbinde die Verbformen im Präsens mit den passenden Präteritumformen.

sie sieht	es stand
er ist	sie schliefen
es steht	wir konnten
sie schlafen	sie sah
wir können	er war

4   Schreibe Sätze mit Präteritumformen aus Aufgabe 3.

_____

_____

_____

Information	**Verben im Präteritum**

Wenn ein **Ereignis in der Vergangenheit** liegt, wird schriftlich in der Regel das **Präteritum** verwendet, z. B.: *Ich **bezahlte** an der Kasse. Du **schriebst** einen Brief.*

Vergangenes durch Verben im Präteritum ausdrücken (2)

1 Schreibe die Sätze ab.
Ergänze dabei passende Präteritumformen.
Tipp: Die Verben im Kasten helfen dir.

> regnen · stehen · werden · können · müssen · sein ·
>
> gewinnen · überreichen · freuen · versorgen

Letzte Woche **?** es zwei Tage lang.

Überall **?** große Pfützen auf den Straßen.

Wir **?** auf dem Schulweg sehr nass.

Außerdem **?** unser Fußballturnier nicht draußen stattfinden.

Wir **?** es in die Halle verlegen.

In der Halle **?** die Bedingungen nicht ideal.

Am Ende **?** unsere Klasse aber das Endspiel.

Die Schulleiterin **?** uns einen großen Pokal.

Wir **?** uns sehr darüber.

Am Abend **?** ich meine Wunde am Knie.

_____

_____

_____

_____

_____

_____

_____

_____

_____

_____

Zeichensetzung in der direkten Rede

Auf ihrem Schulweg wird Steffi von einem Polizisten angehalten. Sie ist mit dem Fahrrad auf dem Radweg in die falsche Richtung gefahren. Das ist verboten.

1 Lies das Gespräch zwischen dem Polizisten und Steffi.

Du fährst auf der falschen Seite!

Die Strafe beträgt trotzdem zehn Euro.

Das ist eine nette Idee, aber das kann ich leider nicht akzeptieren.

Ich muss aber schnell zur Schule.

Kann ich die Strafe vielleicht bei der Polizei abarbeiten?

Schade, dann spreche ich mit meinen Eltern.

2 Schreibe das Gespräch auf. Ergänze die Satzzeichen der direkten (wörtlichen) Rede.
Tipp: Lies dazu den Informationskasten unten.

Der Polizist sagt: _____

_____ antwortet Steffi.

Der Polizist entgegnet: _____

Steffi fragt: _____

_____

_____ erwidert der Polizist.

Steffi meint: _____

Information	Wörtliche Rede

Bei der **direkten (wörtlichen) Rede** stehen am Anfang und am Ende **Anführungszeichen.**
Der **Begleitsatz** steht oft **vor** der direkten Rede. Er endet mit einem **Doppelpunkt,** z. B.:
Paul sagt: „Ich freue mich auf die Ferien!"
Wenn der Begleitsatz hinter der wörtlichen Rede steht, wird er mit einem Komma abge-
trennt, z. B.: *„Ich freue mich auf die Ferien",* *sagt Paul.*

Die indirekte Rede und das Verb im Konjunktiv I

Am Abend berichtet Steffi ihren Eltern von der Begegnung mit dem Polizisten.

1 a Lies noch einmal, was der Polizist gesagt hat.

   b Markiere die Verben in der direkten Rede des Polizisten.

   c Lies dann, wie Steffi die Sätze des Polizisten wiedergibt.

   d Ergänze dabei das passende Verb im Konjunktiv I
      aus dem Kasten am Rand.

| führe • |
| betrage • |
| sei • |
| könne |

„Du fährst auf
der falschen Seite!"

„Der Polizist schimpfte, ich

_____ auf der falschen Seite."

„Die Strafe beträgt
trotzdem zehn Euro."

„Der Polizist entgegnete, die Strafe

_____ trotzdem zehn Euro."

„Das ist eine nette
Idee, aber das
kann ich leider
nicht akzeptieren."

„Der Polizist antwortete, das _____

eine nette Idee, aber das _____

er leider nicht akzeptieren."

2 Was hat der Polizist wohl noch gesagt?
Schreibe die Sätze aus der direkten Rede in die indirekte Rede um.
Ersetze die hervorgehobenen Verben im Präsens durch den Konjunktiv I.

„Als Radfahrer in die falsche Richtung zu fahren, **ist** verboten."

Der Polizist sagte, als Radfahrer _____ .

_____

| sei • |
| könne • |
| müsse |

„Die Strafe **kann** man nicht abarbeiten, man **muss** sie bezahlen."

Der Polizist sagte, die _____

_____ .

Information **Die indirekte Rede**

Wenn man deutlich ausdrücken möchte, dass **jemand anderes etwas gesagt hat,**
verwendet man die **indirekte Rede.** Die indirekte Rede steht **nicht in Anführungszeichen.**

Das **Verb** steht dann im **Konjunktiv I,** z. B.: *Steffi sagte, sie freue sich auf die Ferien.*

Wiederholung: Präpositionen, Numerus, Präteritum

1 **a** Lies die Sätze.

b Kreise die Präpositionen ein.
Tipp: Lies dazu noch einmal den Informationskasten auf Seite 130.

c Schreibe die Präpositionen auf die Linie. Ergänze weitere Präpositionen.

d Schreibe drei Sätze mit Präpositionen in dein Heft.

Ich habe in der Milch eine tote Fliege gefunden.

Mit einem Löffel konnte ich sie aus der Flüssigkeit entfernen.

Unter keinen Umständen wollte ich diese Milch noch trinken.

_____

2 **a** Lies die Sätze.

b Frage nach dem Subjekt mit: Wer oder was?
Unterstreiche das Subjekt.

c Setze die Prädikate in der richtigen Form ein.
Tipp: Lies noch einmal den Informationskasten auf Seite 131.

Ich _____ , dass mein Essen gesund ist. (wollen)

Mein Freund und ich _____ auch mal gern Fast Food. (essen)

Aber im Allgemeinen _____ wir auf eine ausgewogene Ernährung. (achten)

Heutzutage _____ die Wissenschaftler immer neue Lebensmittel. (erfinden)

Pia _____ sich sehr dafür. (interessieren)

3 **a** Lies den Text.

b Ergänze die Prädikate im Präteritum.

Gestern _____ in der Sparkasse ein Überfall statt. (finden)

An dem Überfall _____ sich drei Männer. (beteiligen)

Sie _____ am Mittag in den Kassenraum. (stürmen)

Zwei Männer _____ eine Waffe in der Hand. (halten)

Der dritte Mann _____ dem Angestellten einen Sack. (reichen)

Die Täter _____ den Angestellten, den Sack zu füllen. (zwingen)

Anschließend _____ die Männer durch die Einkaufszone. (flüchten)

Wiederholung: direkte und indirekte Rede

Jessica will sich bei einer Überraschungsei-Firma beschweren. Sie ruft dort an.

1 a Lies das Gespräch.

   b Ergänze bei der direkten Rede die fehlenden Satzzeichen.
      Tipp: Lies dazu noch einmal den Informationskasten auf Seite 134.

Jessica sagt: __Guten Tag!__

Die Angestellte erwidert__ __Guten Tag! Wie **darf** ich Ihnen helfen?__

__Gestern habe ich ein Überraschungsei gekauft. Allerdings **kann** ich die Teile

nicht zusammensetzen, weil die Bauanleitung **fehlt**__ __berichtet Jessica.

Die Angestellte erklärt__ __So etwas **passiert** leider manchmal. Um welche Figur **handelt** es sich?__

__Die Teile gehören wohl zu einem Flugzeug__ __beschreibt Jessica.

Die Angestellte sagt__ __Das **ist** kein Problem, ich schicke Ihnen eine Bauanleitung.

Als Entschuldigung **sende** ich Ihnen noch ein paar neue Überraschungseier.__

__Das ist sehr nett! Vielen Dank für Ihre Hilfe!__ __antwortet Jessica.

Am Abend erzählt Jessica ihren Freundinnen von dem netten Gespräch.

2 a Lies die Erzählung von Jessica.

   b Ersetze die hervorgehobenen Verben aus dem Telefonat durch den Konjunktiv I.
      Die Verben im Kasten helfen dir.

dürfe · passiere · fehle · sende · handele · sei · könne

Die Angestellte fragte mich, wie sie mir weiterhelfen _____ .

Ich erzählte ihr, dass ich die Teile nicht zusammensetzen _____ ,

weil die Bauanleitung _____ .

Die Angestellte bedauerte, dass so etwas leider manchmal _____ .

Sie fragte mich, um welche Figur es sich _____ .

Es _____ kein Problem, mir die Bauanleitung zu schicken.

Und als Entschuldigung _____ sie mir noch ein paar neue Überraschungseier.

Adverbialsätze der Zeit

Lisa macht ein Praktikum beim Bundestrainer der deutschen Fußballnationalmannschaft.

1 a Lies die Sätze.

b Beantworte jeweils die Frage nach dem Adverbialsatz der Zeit.
Tipp: Lies dazu den Informationskasten unten.

c Unterstreiche den Adverbialsatz der Zeit.
Markiere die Konjunktion.

Nachdem die Mannschaft gefrühstückt hat, treffen sich alle im Besprechungsraum.

Frage: Wann treffen sich alle im Besprechungsraum?

Antwort: nachdem die Mannschaft gefrühstückt hat

Lisa darf beim Training zuschauen, nachdem sie die Bälle aus dem Geräteraum geholt hat.

Frage: _____

Antwort: _____

Bevor der Trainer zur Pressekonferenz geht, spricht er mit dem Mannschaftsarzt.

Frage: _____

Antwort: _____

Lisa lief mit den Spielern in die Kabine, als ein Gewitter begann.

Frage: _____

Antwort: _____

2 a Lies die Sätze.

b Unterstreiche die Adverbialsätze der Zeit und markiere die Konjunktionen.

Während die Mannschaft trainiert, macht Lisa Fotos für ihre Praktikumsmappe.

Sie räumt die Mannschaftskabine auf, bevor die Fußballer vom Mittagessen zurückkommen.

Information **Adverbialsatz der Zeit**

In einem **Satzgefüge** aus Hauptsatz und Nebensatz drückt der **Adverbialsatz** die **genaueren Umstände eines Geschehens** aus. **Der Adverbialsatz der Zeit (Temporalsatz)** beantwortet die Fragen: Wann? Wie lange? Seit wann? ...
Konjunktionen in Adverbialsätzen der Zeit sind zum Beispiel *nachdem, bevor, während*, z.B.:
*Die Trainingseinheit fand statt, **nachdem** die Spieler etwas gegessen hatten.*
***Bevor** die Mannschaft auf das Spielfeld lief, klatschen sich alle ab.*

Relativsätze am Satzende und als Einschub

Mohamed erzählt von seinem Praktikum bei einem Kaufhausdetektiv.

1 a Lies die Sätze.

   b Markiere das Relativpronomen.
      Tipp: Lies dazu den Informationskasten unten.

   c Setze das Komma, das den Hauptsatz vom Relativsatz trennt.

Wir beobachteten alle Kunden die sich auffällig verhielten.

Ein Mann fiel uns auf der eine große Reisetasche bei sich trug.

Der Mann steckte ein Portmonee ein das sehr teuer aussah.

2 a Schreibe die Sätze richtig in dein Heft.

   b Unterstreiche im Hauptsatz das Nomen, auf das sich der Relativsatz bezieht.

   c Kreise das Relativpronomen ein, das den Relativsatz einleitet.

3 a Lies die Satzteile.

   b Verbinde die Relativsätze in der Mitte mit den passenden Satzteilen.

Die Schicht	der sehr wertvoll war	wurde verurteilt.
Der Dieb	die von 9 bis 13 Uhr dauerte	lobte uns für die gute Arbeit.
Der Schmuck	dem wir geholfen hatten	ging schnell vorbei.
Der Abteilungsleiter	den der Detektiv gefasst hatte	wurde zurückgegeben.

4 a Schreibe die Sätze in dein Heft. Ergänze dabei die fehlenden Kommas.

   b Unterstreiche im Hauptsatz das Nomen, auf das sich der Relativsatz bezieht.

   c Markiere das Relativpronomen.

 **5** Vergleicht eure Lösungen in Partnerarbeit.

Information   **Relativsätze**

Relativsätze sind **Nebensätze,** die sich auf ein **vorangehendes Nomen** beziehen. Sie werden immer durch ein **Komma** abgetrennt.
Ein **Relativpronomen** (z. B. *der, die, das*) leitet den Nebensatz ein, z. B.: *Ich habe einen großen Mann gesehen,* ***der*** *einen Koffer trug.*
Manchmal ist der **Relativsatz** auch in den Hauptsatz **eingeschoben.** Er wird mit Kommas vom Hauptsatz abgetrennt, z. B.: *Der Dieb,* ***den wir erwischen wollten,*** *rannte schnell weg.*

Personalpronomen

Johann berichtet von seinem Praktikum an einem Filmset.

1 **a** Ersetze die unterstrichenen Wortgruppen durch passende Personalpronomen.
   Tipp: Lies dazu den Informationskasten unten.

  b Schreibe die Sätze mit Personalpronomen auf.

Der Regisseur, die Kameraleute und die Tontechniker begrüßten mich freundlich.

Der Regisseur, die Kameraleute und die Tontechniker stellten dann die Geräte ein.

_____

Die Assistentin und ich setzten uns auf die Stühle am Rande des Geschehens.

Die Assistentin und ich konnten von dort den Dreh beobachten.

_____

Am zweiten Tag durfte ich den Hauptdarsteller begleiten.

Der Hauptdarsteller war mir sehr sympathisch.

_____

2 **a** Lies die Sätze.

  b Ergänze die Personalpronomen vom Rand passend.

An meinem ersten Praktikumstag durfte _____ den Hauptdarsteller

den ganzen Drehtag lang begleiten. In der Maske hat er _____ gezeigt,

wie _____ geschminkt und frisiert wird. Das hat _____ nicht

besonders interessiert. Spannender fand _____ es, als _____

in das Studio gingen. Dort begleitete _____ eine Assistentin der Regie.

_____ zeigte _____ die Kameraleute und die Tontechniker.

Dann durfte ich _____ bei der Arbeit zusehen. Später beantworteten

_____ geduldig meine Fragen.

ich •
ich •
er •
sie •
sie •
ihnen •
mir •
mir •
mich •
mich •
wir

Information	Pronomen

Pronomen stehen **stellvertretend** für Nomen. **Personalpronomen** sind:
ich, du, er/sie/es, wir, ihr, sie. Sie treten in verschiedenen **Fällen** auf, z. B.:
ich (Nominativ), *mir* (Dativ), *mich* (Akkusativ).

Adverbialsätze des Grundes

Steffi macht ihr Praktikum in einer Pralinenwerkstatt. Sie muss einige Dinge beachten.

1 a Lies die Sätze.

b Beantworte jeweils die Frage nach dem Adverbialsatz des Grundes.
  Tipp: Lies dazu den Informationskasten unten.

c Unterstreiche den Adverbialsatz des Grundes. Markiere die Konjunktion.

Steffi muss eine weiße Haube tragen, weil sonst Haare in die Schokolade fallen.

Frage: Warum muss Steffi eine weiße Haube tragen?

Antwort: weil sonst Haare in die Schokolade fallen

Sie darf nicht ohne Handschuhe arbeiten, da das unhygienisch wäre.

Frage: _____

Antwort: _____

Die Pralinen werden mit der Zange angefasst, weil sie sonst Druckstellen bekommen.

Frage: _____

Antwort: _____

Weil die Schokolade die richtige Temperatur hat, glänzt sie schön.

Frage: _____

Antwort: _____

2 a Lies die Sätze.

b Unterstreiche die Adverbialsätze des Grundes. Markiere die Konjunktionen.

Die Chefin schickt Steffi in den Nachbarraum, da sie eine andere Schablone holen soll.

Weil Steffi sich beeilt, lobt die Chefin sie.

Steffi ist traurig, weil das Praktikum schon bald vorbei ist.

Information	**Adverbialsatz des Grundes**

In einem **Satzgefüge** aus Hauptsatz und Nebensatz drückt der **Adverbialsatz** die **genaueren Umstände eines Geschehens** aus. **Der Adverbialsatz des Grundes (Kausalsatz)** beantwortet die Fragen: Warum? Warum nicht? **Konjunktionen** in Adverbialsätzen des Grundes sind *weil*, *da*, z. B.: ***Weil** Steffi gern Süßes isst, freut sie sich über ihr Praktikum in der Pralinenwerkstatt.*

12 Rechtschreibung

Rechtschreibstrategie Schwingen

1   a   Lies die folgenden Wörter laut. Sprich dabei die Vokale kurz.

    b   Markiere die kurzen Vokale mit einem Punkt.

    c   Verbinde jeweils die drei Wörter, die zusammengehören.

wir hoffen	er isst	der Schwimmer
wir grillen	er tippt	das Essen
wir tippen	er schwimmt	die Hoffnung
wir essen	er hofft	der Grill
wir schwimmen	er grillt	der Tipp

2   a   Schreibe die zusammengehörenden Wörter nebeneinander auf.

    b   Zeichne Silbenbögen.

wir hof fen –

_____

_____

_____

3   Werden die Vokale in den Wörtern kurz oder lang gesprochen?
Prüfe und ergänze dann den fehlenden Konsonanten oder Doppelkonsonanten.

der Ha_____er   der Ha_____e   die So_____e

die Do_____e   die Ka_____e   der Rü_____el

4   Schreibe Sätze mit den Wörtern aus Aufgabe 3 in dein Heft.

Information	Strategien anwenden

Nach einem **kurzen Vokal** folgen **zwei Konsonanten**.
Du kannst die **Wörter in Sprechsilben** zerlegen. Dann erkennst du, ob du **zwei gleiche** oder **zwei verschiedene Konsonanten** schreiben musst, z. B.: *die Tas se*, aber *die Tan te*.

Rechtschreibstrategie Verlängern

1 a Verlängere jedes Wort und schreibe das verlängerte Wort auf.

b Ergänze bei jedem Wort den fehlenden Buchstaben.
Tipp: Lies dazu den Informationskasten unten.

c Schreibe das Wort noch einmal auf.

b oder p?	das Sie_b_	die Siebe _____	das Sieb _____
	lie___	_____	_____
	sie lo___t	_____	_____
d oder t?	das Ra___	_____	_____
	gesun___	_____	_____
	der Hun___	_____	_____
g oder k?	der We___	_____	_____
	er le___t	_____	_____
	schrä___	_____	_____

2 a Lies die Geschichte.

b Verlängere die Wörter. Ergänze den fehlenden Buchstaben.

Der Köni___ (g/k) hatte seinen Schatz dem Ritter Helmut anvertraut. Das Gol___ (d/t)

la___ (g/k) in einer Truhe auf der Bur___ (g/k) des Ritters. Doch am helllichten Ta___ (g/k)

verschwan___ (d/t) es. In der Truhe war nur noch Stau___ (b/p). Neben dem Ritter stand

ein Zwer___ (g/k), der die ganze Zeit nieste. Kennst du den Die___ (b/p)?

3 Schreibe die Geschichte noch einmal in dein Heft.

Information	Strategien anwenden

Bei Wörtern mit **b, d, g** am Ende werden b, d, g wie **p, t, k** gesprochen.
Verlängere die Wörter: Bilde bei Nomen den Plural, bei Verben die Grundform,
bei Adjektiven die Steigerungsform. Dann hörst du, welchen Buchstaben du schreiben musst,
z. B.: *der Ta? – die Tage – der Tag,*
es schwe?t – schweben – es schwebt,
gesun? – gesünder – gesund.

Rechtschreibstrategie Ableiten

1 a Schreibe zu jedem der folgenden Wörter ein verwandtes Wort mit **a** oder **au** auf.

   b Ergänze den fehlenden Buchstaben.

   c Schreibe das Wort noch einmal auf.

der B_ä_cker   backen   der Bäcker

das Geb____de   _____   _____

der Verk____fer   _____   _____

die H__nde   _____   _____

die L__nder   _____   _____

die M____se   _____   _____

2 a Schreibe den Infinitiv (die Grundform) der Verben auf.

   b Ergänze dann die fehlenden Buchstaben.

sie beh_ä_lt behalten   er h__lt   _____

er f__ngt   _____   sie tr__gt   _____

sie f__hrt   _____   er r__t   _____

3 Schreibe mit den Verbformen aus Aufgabe 2 Sätze auf.

_____

_____

_____

_____

Information	Strategien anwenden

In vielen Wörtern klingen **ä** und **e** ähnlich; **äu** und **eu** klingen sogar gleich.
Um herauszufinden, ob ein Wort mit **ä** oder **äu** geschrieben wird,
musst du ein **verwandtes Wort** mit **a** oder **au** suchen.
Du kannst zum **Nomen** den **Singular** oder das passende **Verb** suchen, z. B.:
die Wälder – der Wald, der Bäcker – backen.
Zu Verben kannst du die Grundform bilden, z. B.: *sie läuft – laufen.*

Fremdwörter erkennen und richtig schreiben

1 Lies den Text.

Foodsharing – Die Lebensmittelretter

Lebensmittelretter möchten anderen Menschen zeigen, dass Lebensmittel nicht
verschwendet oder weggeworfen werden sollten. Mit dieser guten Aktion kann jeder selbst
Lebensmittel retten. Hier bekommst du die Information, wie man sich einsetzen kann.
Die Lebensmittel werden bei den Spenderbetrieben abgeholt. In Kooperation mit
5 den Lebensmittelrettern werden die Spenden an Menschen verteilt, die sie brauchen.
Die Spendenempfänger zeigen eine positive Reaktion. Darüber hinaus war die Produktion
der Lebensmittel nicht umsonst. Dieses Projekt benötigt eine gute Koordination. Dafür braucht
es dich als zuverlässigen Lebensmittelretter! Hast du Lust, mitzumachen?

2 **a** Markiere im Text alle Fremdwörter mit der Endung **-ion.** Es sind Nomen.

b Schreibe die Nomen mit dem Artikel **die** in die Tabelle.

Nomen mit Artikel	Bedeutung	Verben mit -ieren
die Aktion	die Unternehmung	aktivieren

3 Im Kasten findest du Verben mit **-ieren.**
Ordne sie den Nomen zu und schreibe sie passend in die letzte Spalte der Tabelle.

> aktivieren · koordinieren · informieren · reagieren · kooperieren · produzieren

4 Welche Bedeutung haben die einzelnen Nomen?

a Schlage in einem Wörterbuch nach oder finde die Bedeutung im Internet.

b Schreibe die Bedeutung jeweils passend in die mittlere Spalte der Tabelle.

5 Besprecht eure Ergebnisse in Partnerarbeit.

Zusammen- und Getrenntschreibung von Verben

1 Bilde Wortgruppen aus Verb und Verb. Schreibe sie auf.
Tipp: Lies dazu den Informationskasten unten.

| fotografieren schwimmen shoppen | gehen | _____ |

_____

2 Ergänze die Wortgruppen passend in den Sätzen.

Für den Fotowettbewerb muss ich in den Park _____ .

Am Nachmittag will ich mit meinen Freunden _____ .

Am Wochenende wollen meine Eltern mit uns _____ .

3 a Lies die Sätze.

   b Überlege, wann die Verbindung aus Adjektiv und Verb eine neue Bedeutung hat.
      Ergänze die Verbindungen in den Sätzen.

| (etwas) fertig machen | (jemanden) fertigmachen |

Ich muss heute dringend mein Referat _____ .

Jemand will meinen Freund _____ .

| krank schreiben | krankschreiben |

Man kann eine Klassenarbeit notfalls auch _____ .

Meine Mutter lässt sich vom Arzt _____ .

Information   **Getrennt- und Zusammenschreibungen bei Verbindungen mit Verben**

Getrennt schreibt man in der Regel Wortgruppen
■ aus **Verb und Verb,** z. B.: *laufen lernen, einkaufen gehen,*
■ mit dem Verb *sein*, z. B.: *weg sein.*

Zusammen schreibt man Verbindungen
■ aus **unveränderlichen Wörtern** (z. B. *hin*) und Verb (z. B. *fallen*): *hinfallen,*
■ aus **Adjektiv und Verb** und **Verb und Verb** bei neuer Bedeutung, z. B.: *schwer fallen* (jemand ist schwer gestürzt) – *schwerfallen* (die Aufgabe wird mir nicht schwerfallen), *sitzen bleiben* (nicht aufstehen) – *sitzenbleiben* (nicht versetzt werden).

Groß- und Kleinschreibung von Zeitangaben

1 Lies den Text.

Leider begann gestern Morgen wieder der Alltag. Es war Montagmorgen.

Es fällt mir morgens schwer, pünktlich aufzustehen. Dagegen ist es

für mich abends am schönsten, weil dann alles ruhig wird. Wie gut,

dass ich morgen Nachmittag frei habe. Dann kann ich mich schon nachmittags

5 auf den gemütlichen Freitagabend vorbereiten. Besonders schön ist auch

der Samstagmorgen. Dann genieße ich es, in Ruhe zu frühstücken.

Für andere ist sonntags der richtige Tag zum Ausruhen.

2 **a** Markiere im Text alle Zeitangaben.

b Ordne die Wörter passend in die Tabelle ein.

Tageszeiten/Wochentage mit s am Ende	Tageszeiten nach gestern/heute/morgen	Zusammensetzung aus Wochentag und Tageszeit
morgens	gestern Morgen	der Montagmorgen

3 Ergänze weitere Zeitangaben in jeder Spalte der Tabelle.

4 Schreibe eigene Sätze mit Zeitangaben in dein Heft.

Information **Groß- und Kleinschreibung von Tageszeiten und Wochentagen**

Tageszeiten und Wochentage mit s am Ende sind Adverbien. Sie werden **kleingeschrieben,** z. B.: *morgens*.
Nach **gestern, heute** und **morgen** werden **Tageszeiten großgeschrieben,** z. B.: *gestern Mittag, morgen Abend.*
Eine Ausnahme musst du dir merken: *morgen früh* – hier wird die Tageszeit kleingeschrieben.
Zusammensetzungen aus Wochentag und Tageszeit werden immer zusammen- und großgeschrieben, z. B.: *der Mittwochmorgen.*

Nominalisierung von Verben und Adjektiven

1 Lies den Text.

Gestern habe ich eine Talkshow über besondere Menschen gesehen. In der Sendung waren die unterschiedlichen Personen das Interessante. Wichtig war ihnen das Zeigen ihrer Tattoos. Jeder gab seine Meinung zum Besten. Ich wurde beim Zuhören nachdenklich: Habe ich vielleicht vorschnell Vorurteile? Am Ende wurde etwas Logisches zusammengefasst: Jeder Mensch hat viel Einzigartiges!

2 Markiere die Nominalisierungen von Verben grün und die Nominalisierungen von Adjektiven blau.
Tipp: Lies dazu den Informationskasten unten.

3 a Bilde Nomen.
   b Schreibe mit den Nomen Sätze.

das • beim •
zum • vom

beim Duschen: Morgens beim Duschen singe ich laut.

_____

_____

duschen •
schreiben •
kicken •
einkaufen

4 a Bilde Nomen.
   b Schreibe mit den Nomen Sätze.

der • viel •
wenig • etwas

der Neue: In der Klasse muss der Neue noch alle Namen lernen.

_____

_____

neu •
aufregend •
schön •
schlecht

Information   Nominalisierung von Verben und Adjektiven

Aus **Verben** können **Nomen** werden, wenn z. B. die Wörter **das, beim** (bei dem), **zum** (zu dem) vor dem Verb stehen. Das nennt man **Nominalisierung**. Die **Nomen** werden **großgeschrieben**, z. B.: *Wir **lachen** gern. **Das Lachen** macht uns froh. Wir sind froh **beim Lachen**.*

Auch aus **Adjektiven** können **Nomen** werden, wenn z. B. die Wörter **der, das, viel, wenig, etwas** vor dem Adjektiv stehen, z. B.: *In einer Talkshow gibt es explosive Debatten. In einer Talkshow gibt es **viel Explosives**.*

Kommasetzung in Satzgefügen

1 Lies den Text.

Ein Kaffeeprojekt

In Italien und Spanien gehen viele Menschen, bevor sie mit ihrer Arbeit

beginnen, zum Kaffeetrinken in eine Bar. Es entstand eine Idee zu einem interessanten Projekt,

weil sich nicht mehr jeder einen Kaffee in der Bar leisten kann. Wohlhabendere Menschen

bezahlen zwei Tassen Kaffee, obwohl sie nur eine trinken wollen. Die zweite Tasse wird

₅ einem bedürftigen Menschen gespendet, wenn er kein Geld für einen Kaffee übrig hat.

2 **a** Finde im Text die vier Konjunktionen und kreise sie ein.
     Tipp: Lies dazu den Informationskasten unten.

   b Unterstreiche die Nebensätze, die von den Konjunktionen eingeleitet werden.

   c Markiere die Kommas, die die Nebensätze von den Hauptsätzen abtrennen.

3 Sollte das Kaffeeprojekt auch in Deutschland umgesetzt werden?

   a Lies die Pro- und Kontra-Sätze.

   b Kreise die Konjunktionen ein.

   c Schreibe die Sätze auf. Ergänze dabei die Kommas zwischen Hauptsatz und Nebensatz.

Diese Idee ist auch für Deutschland gut da sie die Gemeinschaft stärkt. Die Bedürftigen

werden den Kaffee nicht annehmen wenn sie sich beschämt fühlen. Eine solche

Spende hilft in Deutschland nicht weil Kaffee hier kein Grundnahrungsmittel ist.

_____

_____

_____

_____

Information	Die Kommasetzung im Satzgefüge

Ein **Satz,** der aus einem **Hauptsatz und** mindestens einem **Nebensatz** besteht,
heißt **Satzgefüge.** Der Nebensatz kann vor oder nach dem Hauptsatz stehen oder in ihn
eingefügt sein. Nebensätze werden **immer durch ein Komma** vom Hauptsatz abgetrennt.
Nebensätze werden oft durch **Konjunktionen** (Bindewörter) eingeleitet, z. B.: *wenn, da, weil,*
obwohl, bevor.

Kommasetzung in das/dass-Sätzen

1 **a** Lies die **dass**-Sätze zum Kaffeeprojekt.

b Kreise jeweils die Konjunktion **dass** ein und markiere das Komma.
Tipp: Lies dazu den Informationskasten unten.

Es ist ein wichtiger Schritt, dass Menschen zu teilen beginnen.

Ich kann sagen, dass ich dem Projekt positiv gegenüberstehe.

Ich finde es toll, dass einige Menschen anderen einen Kaffee spendieren.

Ich meine, dass in Deutschland andere Hilfen wichtiger sind als Kaffee.

Ich denke, dass durch das Projekt die Armut vieler Menschen in den Blick gerät.

2 Schreibe eigene dass-Sätze zum Thema in dein Heft.
Tipp: Du kannst die Wortgruppen aus den Kästen nutzen.

> Man weiß doch, dass … • Ich finde es negativ/positiv, dass … • Es ist doch so, dass …

> Menschen für soziale Ideen begeistern • auf andere Art Hilfe leisten

3 **a** Lies die Satzteile und verbinde den Hauptsatz mit dem passenden Relativsatz.

b Schreibe die Sätze richtig in dein Heft. Denke an die Kommas.

c Unterstreiche im Relativsatz jeweils das Relativpronomen.

d Unterstreiche im Hauptsatz das Nomen, auf das sich das Relativpronomen bezieht.

Hauptsatz	Relativsatz
Die Würde der bedürftigen Menschen ist ein Thema,	das als Ziel einen fairen Umgang miteinander hat.
Die Bereitschaft zu spenden ist ein Argument,	das man nicht ignorieren darf.
Viele Menschen unterstützen das Projekt,	das den Anstoß geben muss.

4 Besprecht eure Lösungen in Partnerarbeit.

Information   Die Kommasetzung im Satzgefüge – *das/dass*-Sätze

Die **Konjunktion *dass*** leitet in der Regel einen **Nebensatz** ein, der auf die **Frage „Was?"** antwortet, z. B.: *Es ist deutlich geworden, **dass** es mehrere Kontra-Argumente gibt.*

Das **Relativpronomen *das*** leitet einen **Nebensatz** ein, der sich auf ein **vorangehendes Nomen** bezieht, z. B.: *Der hohe Preis ist ein Problem, **das** man nicht vergessen sollte.*

Übungsstationen: Verlängern und Ableiten

Hier kannst du zeigen, was du über die Strategien **Verlängern** und **Ableiten** gelernt hast.

1 a Verlängere die Wörter. Schreibe die Verlängerung auf.

b Ergänze dann den fehlenden Buchstaben.

> Verlängern – Wörter mit
> **b, d, g am Ende**

wichti___   – _____   (das) Lan___ – _____

(der) We___ – _____   er blei___t   – _____

2 Schreibe die Sätze auf.
Ergänze dabei passende Wörter aus Aufgabe 1.

Jeder Mensch sollte das ❓ , in dem er lebt, mitgestalten.

Dazu ist es ❓ , sich zuerst einmal über Politik zu informieren.

Natürlich ist der ❓ zu Veränderungen manchmal lang und steinig.

Aber Politik ❓ eine Aufgabe für alle.

_____

_____

_____

_____

3 a Lies die Sätze.

b Prüfe: Gibt es zu den hervorgehobenen Wörtern
ein verwandtes Wort mit **a** oder **au**?

c Wenn ja, schreibe das verwandte Wort auf.

d Ergänze dann den oder die fehlenden Buchstaben.

> Ableiten – Wörter mit
> **ä und äu**

Der Mensch **w___chst** (e/ä) an seinen Herausforderungen. _____

Ich **tr_____me** (eu/äu) von einem Urlaub am Strand. _____

In seinem Leben sammelt man viele **___rfahrungen** (E/Ä). _____

Nach jeder Schulstunde **l_____tet** (eu/äu) die Glocke zur Pause. _____

Meine **Fr_____nde** (eu/äu) gehen gern ins Schwimmbad. _____

Die **Erw___rmung** des Klimas ist ein großes Problem. _____

Übungsstationen: Getrennt- und Zusammenschreibung; Nominalisierungen

Hier kannst du zeigen, was du über die Getrennt- und Zusammenschreibung von Verben und über die Nominalisierung von Verben und Adjektiven gelernt hast.

1 Verbindungen aus **Verb und Verb** oder **Adjektiv und Verb** schreibt man zusammen, wenn das Wort eine neue Bedeutung erhält.

> Getrennt- und Zusammenschreibung von **Verben**

  a Lies die Sätze. Entscheide, ob die Verbindungen zusammengeschrieben oder getrennt geschrieben werden.

  b Schreibe die Sätze dann richtig auf.

Du kannst im Auto **sitzen/bleiben.** In der Schule will man nicht **sitzen/bleiben.**

Die Aufgabe kannst du **locker/machen.** Vor dem Sport sollte man die Muskeln **locker/machen.**

Mutter lässt die Fenster manchmal **offen/stehen.** Mit guten Lernergebnissen wird dir die Zukunft **offen/stehen.**

_____

_____

_____

_____

_____

2 Bilde aus den markierten Verben und Adjektiven Nomen. Ergänze die Nomen jeweils im zweiten Satz.

> Nominalisierungen von **Verben und Adjektiven**

Mit all seinen Wundern ist das Leben großartig.

Das _____ im Leben sind die Wunder.

Wenn ich laufe, ziehe ich eine Sporthose an.

Ich trage zum _____ eine Sporthose.

Wenn ich schreibe, werden oft meine Hände kalt.

Beim _____ bekomme ich oft kalte Hände.

Der Film ist wegen der Actionszenen sehr spannend.

Das _____ an dem Film sind die Actionszenen.

Übungsstationen: Schreibung von Zeitangaben; Kommasetzung in Satzgefügen

Hier kannst du zeigen, was du über die Schreibung von Zeitangaben und über die Kommasetzung in Satzgefügen gelernt hast.

1 **a** Prüfe, ob die Wochentage und Zeitangaben in den Sätzen groß- oder kleingeschrieben werden. Streiche jeweils den falschen Buchstaben durch.

b Schreibe die Sätze richtig auf.

Maike hat einen vollen Terminkalender.

Von M/montags bis F/freitags ist sie V/vormittags in der Schule.

Am N/nachmittag hat sie freie Zeit – nur am D/dienstag und

D/donnerstag nicht, dann ist Handballtraining.

Und S/samstags trifft sie sich mit ihrem Vater.

Maike ist A/abends oft sehr geschafft.

Aber am S/sonntagvormittag will sie mal ordentlich ausschlafen.

> **Groß- und Kleinschreibung** von **Wochentagen** und **Zeitangaben**

2 **a** Markiere in den Sätzen jeweils die Konjunktion, die den Nebensatz einleitet.

b Unterstreiche den Hauptsatz rot. Unterstreiche den Nebensatz blau.

c Ergänze die fehlenden Kommas.

> **Kommasetzung** in **Satzgefügen**

Maike verabredet sich gern mit ihrer Freundin weil sie gemeinsam tolle Sachen unternehmen können. Sie denkt oft an die Zeit als sie noch keine Freundinnen waren. Damals fühlte Maike sich allein obwohl sie viele Leute kannte. Sie war sogar oft traurig bevor sie Steffi traf. Das ist nun anders weil sie mit Steffi über alles reden kann.

5 Die Freundin tröstet sie wenn sie mal Kummer hat. Die Mädchen tragen das gleiche Armband damit jeder ihre Zusammengehörigkeit erkennen kann.

13 „Hier rein, da raus?"

Einen Text über das Gedächtnis erschließen

Wenn man weiß, wie das Gedächtnis funktioniert, kann das Lernen leichter werden.
Am besten stellst du dir dafür das Gedächtnis wie ein großes Haus vor.

1 Lies den Text über das Gedächtnis.

Das Ultrakurzzeitgedächtnis　　　　　　　　**(Die Eingangstür und das Erdgeschoss)**

Das Ultrakurzzeitgedächtnis entscheidet, welches neue Wissen in dein Gedächtnis hineindarf.
Dabei funktioniert es ähnlich wie eine Sortierungsmaschine: Unzählige Dinge prasseln
auf das Gedächtnis ein. Es sortiert die brauchbaren Informationen heraus. Brauchbar ist
erst einmal all das, was du lernen willst, z. B. Informationen über Lerntricks oder neue Vokabeln
im Englischunterricht.

Das Kurzzeitgedächtnis　　　　　　　　　　　　　　**(Der erste Stock)**

Im Kurzzeitgedächtnis werden die Informationen so weiterverarbeitet, dass sie später sicher im
Gedächtnis gespeichert sind. Damit das Gelernte oder neu Gehörte nicht gleich vergessen wird,
sollte der Lernstoff vor allem in den ersten zwei bis drei Tagen möglichst oft wiederholt werden.

Das Langzeitgedächtnis　　　　　　　　　　　　　**(Das Dachgeschoss)**

Im Langzeitgedächtnis bleibt der Lernstoff für immer gespeichert. Das bedeutet aber nicht,
dass du das Wissen wie bei einem Computer jederzeit abrufen kannst. Wissen, das nicht genutzt
wird, verstaubt wie ein vergessenes Buch in einem Regal. Trainiere den Lernstoff deshalb
regelmäßig. Dann kannst du dieses Wissen im Langzeitgedächtnis immer wieder ohne Probleme
abfragen.

2 Wie heißt das Gedächtnis?
Schreibe die Namen auf die passenden Linien.

_____

_____

_____

3 Beantworte die Fragen aus dem Text über das Gedächtnis.

Was ist wichtig, damit man das Gelernte im Kurzzeitgedächtnis nicht gleich wieder vergisst?

_____

Was ist wichtig, damit das Wissen im Langzeitgedächtnis wieder abgefragt werden kann?

_____

Einen Text über Lerntypen zusammenfassen

Wie gut wir uns neue Informationen merken, hängt auch davon ab, wie wir am leichtesten lernen können. Jeder Mensch ist für bestimmte Sinnesreize empfänglicher als für andere. Man spricht hierbei auch von unterschiedlichen Lerntypen.

1 Lies die Informationen über die unterschiedlichen Lerntypen.

Der visuelle Lerntyp (Sehsinn)
Der visuelle Lerntyp speichert Informationen am besten durch Lesen oder das Betrachten von Bildern und Tabellen.

Der auditive Lerntyp (Hörsinn)
Der auditive Lerntyp lernt am leichtesten durch das Hören. Er kann sich den Inhalt von Vorträgen, Gesprächen und Lern-CDs gut merken.

Der kommunikative Lerntyp (Austausch mit anderen Menschen)
Der kommunikative Lerntyp lernt besonders gut durch den Austausch über die Lerninhalte. Das kann geschehen, indem er Fragen stellt oder selbst etwas erklärt. Er lernt am besten durch die Teilnahme an Diskussionen, Arbeitsgruppen und in Rollenspielen.

Der motorische Lerntyp (Bewegungssinn)
Dem motorischen Lerntyp hilft es, wenn er beim Lernen im Zimmer herumgeht. Oder wenn er z. B. beim Lesen Textstellen unterstreichen kann. Handlungsabläufe merkt er sich am besten durch Nachmachen, z. B. in Experimenten und Rollenspielen.

Bei den meisten Menschen treten die Lerntypen gemischt auf.
Deshalb ist es sinnvoll, Wissen über möglichst viele Sinneskanäle aufzunehmen.

2 Lies auch den Text M2 im Deutschbuch S. 258.

3 Wodurch lernen die verschiedenen Lerntypen am besten? Schreibe Stichworte auf.

Der kommunikative Lerntyp: _____

Der auditive Lerntyp: _____

Der motorische Lerntyp: _____

Der visuelle Lerntyp: _____

4 Welchem Lerntyp entsprichst du am meisten? Ergänze den Satz.

Ich lerne am leichtesten / am besten, wenn ich _____

_____

Angaben über die Lerntricks von Gedächtniskünstlern ordnen

1 Lies den Text über die Tricks der Gedächtniskünstler.

Gedächtniskünstler nutzen verschieden Techniken, um sich Inhalte, Orte, Zahlen und Namen zu merken.

Die Loci-Methode

Der Erfolg dieser Methode beruht vor allem auf der Fähigkeit des Gehirns, sich gut an räumliche Dinge erinnern zu können. Bei der Loci-Methode geht man in drei Schritten vor:

1. Schritt: Man sucht sich Schlüsselwörter (Lernwörter) aus einem Lernthema heraus (z. B. die Namen der Planeten im Sonnensystem).

2. Schritt: Dann bestimmt man am eigenen Körper oder im Raum feste Punkte und legt eine bestimmte Route* fest (z. B. Fuß, Knie oder Kopf, Hals usw.).

*die Route:
der Weg

3. Schritt: Zum Schluss verbindet man die Schlüsselwörter mit den einzelnen Punkten der Route. Wenn man dann in der Vorstellung die Route abläuft, kann man sich gut an die Inhalte erinnern – und zwar in der richtigen Reihenfolge.

Die Eselsbrückenmethode

Eine weitere Technik eines Gedächtniskünstlers ist die Eselsbrückenmethode. Als **„Eselsbrücke"** nutzt man Reime und Merksätze, z. B.: „Wer nämlich mit h schreibt, ist dämlich." Oder man nutzt einen Satz, bei dem alle **Anfangsbuchstaben** der Wörter gleich sind mit den Anfangsbuchstaben der Wörter, die man sich merken will.

Die Ankermethode

Die **Ankermethode** eignet sich gut, um neue Namen von Mitschülern zu behalten. Man denkt an auffällige Merkmale der Personen, deren Namen man sich merken will. Zum besseren Erinnern verknüpft man dann diese Merkmale als Anker mit dem Namen der jeweiligen Person.

2 Kreise die Buchstaben vor den richtigen Aussagen ein.

F	Bei der Loci-Methode nutzt man Reime und Merksätze.
T	Bei der Loci-Methode legt man eine Route mit verschiedenen Punkten fest.
E	Mit der Loci-Methode erinnert man sich durch Schlüsselwörter gut an Inhalte.
O	Bei der Eselsbrückenmethode verbindet man die Schlüsselwörter mit den Punkten.
S	Als Eselsbrücke werden oft Reime genutzt.
T	Mit der Ankermethode kann man sich Namen gut merken.

3 Trage die Buchstaben für das Lösungswort ein.

Die Loci-Methode erproben

1 Lies das Beispiel für die Loci-Methode.

Schritt 1: Schlüsselwörter (Lernwörter) festlegen
Man möchte die Namen der neun Planeten unseres Sonnensystems lernen.
Schlüsselwörter:
Merkur – Venus – Erde – Mars – Jupiter – Saturn – Uranus – Neptun – Pluto

Schritt 2: Körperpunkte (Routenpunkte) für die Lernroute festlegen
Man prägt sich folgende Körperpunkte in einer bestimmten Reihenfolge ein:
1 = Fuß, 2 = Knie, 3 = Oberschenkel, 4 = Hüfte, 5 = Bauch, 6 = Brust, 7 = Schultern, 8 = Hals, 9 = Kopf

Schritt 3: Schlüsselwörter mit den Routenpunkten verbinden
Dann verbindet man die Schlüsselwörter (Lernwörter) mit den Routenpunkten:
Merkur = 1 = Fuß, Venus = 2 = Knie, Erde = 3 = Oberschenkel, Mars = 4 = Hüfte, Jupiter = 5 = Bauch,
Saturn = 6 = Brust, Uranus = 7 = Schultern, Neptun = 8 = Hals, Pluto = 9 = Kopf

2 Sprecht in Partnerarbeit über eure Meinung zu dieser Lernmethode.

3 Probiere die Loci-Methode selbst aus.

a Schritt 1: Schreibe eigene Schlüsselwörter (Lernwörter) auf, z. B. Flüsse oder Bundesländer.
Über die Anzahl der Lernwörter bestimmst du selbst. Die Anzahl der Körperpunkte richtet sich
nach der Anzahl der Schlüsselwörter.

_____

(z. B. Flüsse: Rhein, Donau, …   z. B. Bundesländer: Bayern, Hessen, …)

_____

b Schritt 2: Notiere deine Körperpunkte für die Lernroute.
Es können andere Körperpunkte sein als in Aufgabe 1 (z. B. Zeh, Fußsohle).
Die Anzahl der Körperpunkte richtet sich nach der Anzahl der Schlüsselwörter.

1 = _____   2 = _____   3 = _____   4 = _____
        (z. B. Kopf)   (z. B. Hals, Augen)

5 = _____   6 = _____   7 = _____   8 = _____

c Schritt 3: Verbinde deine Schlüsselwörter mit deinen Routenpunkten.
Schreibe dazu deine Schlüsselwörter untereinander in dein Heft.
Notiere daneben deine gewählten Routenpunkte.

Beispiel: Rhein = Kopf
             Donau = Hals

             …

Tipp: Wichtig ist, dass du immer die gleiche Reihenfolge bei der Route verwendest.
Dann kommt das Gehirn nicht durcheinander.

„Eselsbrücken" kennen und behalten

Für die Herkunft des Begriffs „Eselsbrücke" gibt es diese Erklärung:
Esel wurden früher als Arbeitstiere genutzt. Doch sie weigerten sich oft,
über Bäche zu gehen. Deshalb musste man ihnen eine Brücke bauen.
Die „Eselsbrücken" aus Reimen oder Merksätzen können auch für dich
eine Hilfe beim Einprägen von Begriffen und Inhalten sein.

1 Lies die Eselsbrücken für Deutsch und andere Lernfächer.

Ein **bisschen** wird kein bisschen großgeschrieben.

Nach **l, m, n, r** – das ist klar, kommt nie **tz** und nie **ck**.

Gar nicht wird **gar nicht** zusammengeschrieben.

1949 – Die Bundesrepublik, die rührt sich. (Zur Gründung der BRD)

Alle **e**hemaligen **K**anzler **b**ringen **s**amstags **k**nusprige **S**emmeln **m**it. (Kanzler und Kanzlerin der BRD seit 1949: **A**denauer, **E**rhard, **K**iesinger, **B**randt, **S**chmidt, **K**ohl, **S**chröder, **M**erkel)

Nie **o**hne **S**eife **w**aschen. (Die Himmelsrichtungen **N**orden, **O**sten, **S**üden, **W**esten)

Im Frühling **stellt man** die Stühle **vor** das Haus (Sommerzeit = Uhr eine Stunde **vor**stellen), im Herbst **stellt man** sie wieder **zurück** ins Haus (Winterzeit = Uhr eine Stunde **zurück**stellen).

2 **a** Unterstreiche vier der Eselsbrücken, die du lernen möchtest.

b Schreibe die vier Eselsbrücken auf.

_____

_____

_____

_____

_____

_____

_____

_____

3 Lies deine Eselsbrücken an verschiedenen Tagen mehrmals durch.
Dann sind sie vielleicht für immer in deinem Langzeitgedächtnis gespeichert.

Bildquellenverzeichnis

Autoren- und Quellenverzeichnis

Bendzko, Tim: Du musst mir nur vertrauen. ... (Liedauszüge, S. 82). Aus: In dein Herz (2011). Text: Tim Bendzko/Universal Music Publishing GmbH, Berlin. **Boes, Julia & Uhlemann, Noel:** Max Frischs „Andorra" – Theaterkritik (S. 100). Aus: www.gymnasium-calvarienberg.de/index.php?id=34&tx_ttnews%5Btt_news%5D=350&cHash=424fca26c10223aa3163457f4275a169 [02.12.2015]. Text gekürzt und vereinfacht. **Borchert, Wolfgang:** Das Brot (Auszüge, S. 74, 75). Aus: Wolfgang Borchert: Das Gesamtwerk. Rowohlt, Reinbek bei Hamburg 1959, S. 304–308. **Crolly, Hanne:** Die ersten Gastarbeiter (S. 59). Aus: Welt am Sonntag v. 30.10.2011. Zit. und überarbeitet nach: Otto Mayr: Migrationsliteratur. Auer Verlag, Donauwörth 2013, S. 13. Text gekürzt und vereinfacht. **Eichendorff, Joseph von:** Glück (Liedchen) (Auszüge, S. 89). Aus: Sämtliche Gedichte und Versepen. Hg. v. Hartwig Schulz. Insel Verlag, Frankfurt a. M. 2001. **Goethe, Johann Wolfgang:** Rastlose Liebe (Auszüge, S. 86). Aus: Goethes Werke in zwölf Bänden. Hg. v. d. nationalen Forschungs- und Gedenkstätten der klassischen Literatur in Weimar. Bd. 1: Gedichte I. Aufbau, Berlin/Weimar 1981, S. 96–97. **Heine, Heinrich:** Mit deinen blauen Augen (S. 84). Aus: Neue Gedichte. Heinrich Heine: Sämtliche Schriften in zwölf Bänden. Hg. v. Klaus Briegleb. Bd. 7: Schriften 1837–1844. Ullstein, Frankfurt a. M./Berlin/Wien 1981, S. 306. Du bist wie eine Blume (S. 91). Aus: Buch der Lieder. a. a. O. Bd. 1: Schriften 1817–1840, S. 131. **Heinz, Johanna:** Nett im Netz (Auszug, S. 113). Aus: Bonner Generalanzeiger v. 24./25. Mai 2014. Text gekürzt und vereinfacht. **Herbold, Astrid:** Wenn man Jugendlichen zuhört, ... (S. 46). Nach: Wenn Jugendliche einfach nur noch kp haben. Berliner Morgenpost v. 02. November 2013; www.morgenpost.de/familie/article121479804/Wenn-Jugendliche-einfach-nur-noch-kp-haben.html [01.12.2015]. Text gekürzt und vereinfacht. Führen Chats, Smileys und Kurznachrichten zum Verfall der Sprache? (S. 115) Zeit-Online; www.zeit.de/digital/internet/2013-01/chat-sprache-forschung [02.12.2015]. Text gekürzt und vereinfacht. **Herrndorf, Wolfgang:** Tschick (Auszüge, S. 118, 120–123). Rowohlt Verlag, Berlin 2010, S. 21 ff., 41 ff., 54, 88, 95 ff., 135, 162 ff., 222 ff. Texte gekürzt und vereinfacht. **Hohler, Franz:** Daheim (Auszug, S. 52). Aus: Die blaue Amsel. Luchterhand, München 1995. **Korkot, Meryem:** Türkische Filme – Eine Gelegenheit, unsere Kultur besser kennen zu lernen (S. 62). Aus: http://sabahdeutsch.de/tuerkische-filme-eine-gelegenheit-unsere-kultur-besser-kennenzulernen/ [02.12.2015]. Text gekürzt und vereinfacht. **Liliencron, Detlev von:** Glückes genug (Auszug, S. 87). Aus: Gesammelte Werke. Bd. 2 und 3. Deutsche Verlags-Anstalt, Stuttgart/Berlin/Leipzig 1923. **Mohl, Nils:** Es war einmal Indianerland (S. 12, 13). Rowohlt, Reinbek bei Hamburg 2011, S. 120–127. Texte gekürzt und vereinfacht. **Özdamar, Emine Sevgi:** In den sechziger Jahren ... (S. 58), 1971 putschten die Militärs ... (S. 60). Aus: Rede zur Verleihung des Kleist-Preises am 21.11.2004 in Berlin. Kleist-Jahrbuch 2005. Hg. v. Günter Blamberger u. Ingo Breuer. J. B. Metzler, Stuttgart 2004, S. 14–17. Texte gekürzt und vereinfacht. Die Brücke vom Goldenen Horn (S. 66, 68). Aus: Die Brücke vom Goldenen Horn. Kiepenheuer & Witsch, Köln 2002, S. 18–19, 108, 111–112, 115–117. Texte gekürzt und vereinfacht. **Pauer, Nina & Trotier, Kilian:** Ihr checkt's net (S. 106). Aus: Zeit-Online; www.zeit.de/2014/07/die-lochis-heiko-roman-pubertaet [02.12.2015]. Text gekürzt und vereinfacht. **Röder, Marlene:** Scherben (S. 70). Aus: Melvin, mein Hund und die russischen Gurken. Ravensburger Verlag, Ravensburg 2011, S. 83–86. Text gekürzt und vereinfacht. **Wiener, Jennifer:** Mut ist ... (S. 72). Aus: Mit den Vögeln fliegen. Jugendliche über Toleranz und Gerechtigkeit. Hg. v. Constanze Breckoff. Ueberreuter, Wien 2004, S. 9. Text gekürzt und vereinfacht. **Zimmermann, Tanja:** Eifersucht (Auszug, S. 76). Aus: Total verknallt. Ein Liebeslesebuch. Rowohlt, Reinbek bei Hamburg 1984, S. 119. Text gekürzt und verändert. **Weber, Annette:** Der neue Bruder (Auszüge, S. 77, 78, 80). Aus: Aus dem Leben gegriffen: Einfache Kurzgeschichten für Jugendliche. Brigg, Augsburg 2012, S. 14–20. Texte gekürzt und vereinfacht.

Unbekannte/ungenannte Autorinnen und Autoren

S. 6: Senioren in der Schule. Aus: www.geo.de/GEO/heftreihen/geo_wissen/senioren-in-die-schule-62284.html# [01.12.2015]. Text gekürzt und vereinfacht. **S. 7:** Mehrgenerationenhäuser: Miteinander von Jung und Alt. Aus: www.Erfahrung-ist-Zukunft.de/nn_104190/Webs/EiZ/Content/DE/Artikel/Monatsthemen/20060127-mehrgenerationenhaueser-miteinander-von-jung-und-alt.html [22.10.2007]. Text gekürzt und vereinfacht. **S. 11:** Früher gab es in Deutschland viele Großfamilien ... Aus: www.tivi.de/fernsehen/logo/artikel/38687/index.html [01.12.2015]. **S. 14:** „Lass endlich den Dicken in Ruhe." Aus: Othmar Franz Lang: Weg ohne Kompass. Verlag Ludwig Auer, Donauwörth 1958, S. 122–124. Text gekürzt und vereinfacht. **S. 15:** Die Bezeichnung „Halbstarke" ... Aus: http://www.bpb.de/gesellschaft/kultur/jugendkulturen-in-deutschland/36156/die-halbstarken [01.12.2015]. Text gekürzt und vereinfacht. Für die Beschreibung von Jugendlichen ... Nach: Curt Bondy: Jugendliche stören die Ordnung. Juventa, München, S. 27–28. Text gekürzt und vereinfacht. In den 1950er Jahren ... Nach: http://www.bpb.de/gesellschaft/kultur/jugendkulturen-in-deutschland/36156/die-halbstarken [01.12.2015]. Text gekürzt und vereinfacht. **S. 16:** „Vaterlose Jugend – Wogegen lehnen sich die Halbstarken auf?" Nach: www.bpb.de/gesellschaft/kultur/jugendkulturen-indeutschland/36157/vaterlosejugend [01.12.2015]. Text gekürzt und vereinfacht. **S. 19:** Grafik „Ausgaben der 6- bis 19-Jährigen in Mio € im Jahr 2014 in Deutschland" Nach: iconkids and youth international research GmbH, München. **S. 20:** Jugendforscher B. Heinzlmaier: ... Nach: www.jugendkulturforschung.de/wp-content/uploads/Konsumgl%C3%BCck_und_heimliche_Sinnkrise.pdf [01.12.2015]. Text gekürzt und vereinfacht. Verhaltensforscher P. Dolan: ... Nach: www.zeit.de/karriere/beruf/2013-11/was-gluecklich-macht-paul-dolan/komplettansicht [01.12.2015]. Text gekürzt und vereinfacht. **S. 54:** Andrea Petkovic: „Es ist wichtig, verortet zu sein". Aus: www.echo-online.de/sport /mehrballsport/Andrea-Petkovic-Es-ist-wichtig-verortet-zu-sein;art2396,4872586 [02.12.2015]. Text gekürzt und vereinfacht. **S. 83:** Dû bist mîn, ich bin dîn. Aus: Deutsche Lyrik des hohen und frühen Mittelalters. Edition der Texte und Kommentare Ingrid Kasten. Deutscher Klassiker Verlag, Frankfurt a. M. 1995, S. 30. **S. 107:** Grafik „Hinterlegte persönliche Daten im Internet 2011–2013". Nach: JIM-Studie 2013. Basisstudie zum Medienumgang 12- bis 19-Jähriger in Deutschland. Hg. v. Medienpädagogischen Forschungsverbund Südwest. Stuttgart 2013, S. 42; www.mpfs.de/fileadmin/JIM-pdf13/JIMStudie2013.pdf. **S. 109:** Wann beginnt die Sucht? Aus: www.ksta.de/bonn/app--menthal--zur-suchtkontrolle-wann-beginnt-die-sucht-,15189200,26234796.html [02.12.2015]. Text gekürzt und vereinfacht. **S. 110:** Herr Montag, muss ich mir Sorgen machen,... Aus: fudder.de/artikel/2014/02/06/bonner-forscher-erforschen-mit-der-app-menthal-smartphone-abhaengigkeit-handy-sucht-faengt-im-klei [02.12.2015]. Text gekürzt und vereinfacht. **S. 111:** Die Stimme einer Sprecherin: ... Nach: Starrer Blick, gebeugte Haltung ... Aus: www1.wdr.de/mediathek/video/sendungen/lokalzeit/lokalzeit-aus-koeln/filterseite-lokalzeit-aus-koeln100.html [Sendung nicht mehr verfügbar]. Text gekürzt und vereinfacht. **S. 154:** Das Ultrakurzzeitgedächtnis ... Nach: http://www.eltern-wissen.com/pubertaet/lernen-motivation/art/tipp/strukturiert-lernen-wie-das-gedaechtnis-funktioniert.html [12.01.2016]. Text gekürzt und vereinfacht. **S. 155:** Der visuelle Lerntyp (Sehsinn) ... Nach: http://www.wissen.de/die-biologischen-voraussetzungen-des-lernens/page/0/5 [03.12.2015]. Text gekürzt und vereinfacht.